ZİHİN EGZERSİZLERİ İLE BEYİN GÜCÜNÜ GELİŞTİRMEK

TURGAY KESKİN

MAVİÇATI
YAYINLARI

MAVİÇATI
YAYINLARI

ZİHİN EGZERSİZLERİ İLE BEYİN GÜCÜNÜ GELİŞTİRMEK

TURGAY KESKİN

İstanbul, Mart 2018

ISBN: 978-605-294-141-6

Sertifika No: 32399

Kapak Tasarım: Yunus Karaaslan
Sayfa Tasarım: Bilal Şenel
Baskı-Cilt: Melisa Matbaası
Çifte Havuzlar Yolu Acar Sitesi No:4
Davutpaşa/İstanbul Tel: 0212 674 97 23
Sertifika No: 12088

ERDOĞAN KİTAP DAĞ. PAZ. VE TİC. LTD. ŞTİ.
Sertifika No: 30038
Çobançesme Mah. Mithatpaşa Cad.
Çelik Sokak No: 10/A
Bahçelievler - İstanbul
212 515 05 55-18 55
http://www.mavicatiyayinlari.com

Maviçatı Yayınları, ERDOĞAN KİTAP DAĞ. PAZ. VE TİC. LTD. ŞTİ. markasıdır.

ZİHİN EGZERSİZLERİ İLE BEYİN GÜCÜNÜ GELİŞTİRMEK

TURGAY KESKİN

MAVİÇATI
YAYINLARI

Turgay Keskin

Yurt içi ve yurt dışında çeşitli kişisel gelişim eğitimleri aldı. MEB, üniversiteler ve askeri okullarda 'Hızlı okuma, hafıza teknikleri, beden dili, hitabet' konularında seminerler vermektedir. Halen bir eğitim firmasının koordinatörlüğünü yapmaktadır.

Yayınlanmış Eserleri:

Beden Dili ve Hitabet
Hızlı Okuma
Hafıza Teknikleri

İletişim:

yazarturgaykeskin@gmail.com
yazarturgaykesin.blogspot.com
facebook.com/yazarturgaykesin
twitter.com/yazarturgaykesin
instagram.com/yazarturgaykesin

İçindekiler

GİRİŞ

Zekâmızı bir kas gibi düşünün. Kullanılır ve çalıştırılırsa gelişir ve kullanım yeteneği artar. Nasıl ki antrenman yapmayan bir atletin çıkıp da bir mili altı, sekiz hatta on dakikada koşabilmesi olası değilse, egzersiz yapmayan zihin de mağlubiyetlere mahkûmdur. Okulda, derslerde, sosyal hayatta başarılı olabilmenin yegâne şartı; sağlıklı bir zihne sahip olmaktır. Bedenimizi egzersizlerle dinç tutmamız gerektiği gibi, beynimizi de zihinsel egzersizlerle dinç tutmalıyız. Eğer çalışır ve sürekli alıştırma yaparsak, beynimizi geliştirir ve aşama aşama amaçlarımız ulaşırız. Beynimizi kullanmak ve çalıştırmak, normal beklentilerin oldukça ötesinde düşünsel güçler ortaya çıkaracaktır.

Bir sporcu nasıl gelişir? Kazanmaya götüren düşünceleri aklında tutarak! Başarılı bir sporcu olmak ister. Kendini şampiyon olurken görür, bunu aklında canlandırır. Sonra amacına ulaşmak için gereken adımları izler. Franklin Jacobs, akılda canlandırma yoluyla kazanılan güçleri kullanan atletlerden biridir. Amerika'nın önde gelen atletlerinden biri olan Jacobs, yalnızca 165 santimetre boyundadır. Jacobs gayet doğal olarak şöyle konuşuyor:

"İnsanlar bana temelde şu soruyu soruyorlar: 165 santimetre boyundaki birisi altmış santimetre yüksekliğe nasıl sıçrayabilir? Dürüstçe söyleyebilirim ki, kendimi hiç kısa olarak görmemiştim. Yükseklik benim için göreceli bir kavram. O çubuğa yaklaştığımda ben 180 santimetre olduğumu düşünürüm."

Belli şeylere ulaşmak için belirli adımlar atarız: Önce ne yapıyoruz? Ya bundan sonra? Ve bu tam olarak nasıl yapılır? İşte biz, bu süreç içinde düşünerek ve düşünsel alıştırmayı aklımız yoluyla yaşama geçirerek gelişiriz. Akıl kullanılmazsa, istediğimiz anda ve şekilde çalışma yeteneğini yitirir.

Yapılan bilimsel araştırmalar, bulmaca çözen insanlarda bunama ve benzeri hastalıkların daha az görüldüğünü göstermektedir. Sadece bulmaca değil; sudoku, satranç ve benzeri zihni zorlayan zekâ oyunlarıyla meşgul olmak, algılama ve öğrenme yeteneklerini zinde tutar. Burada önemli olan beyni zorlamaktır. Sürekli zihinsel egzersizler yapmak beyin yorgunluğuna engel olur, unutkanlığı önler. Sürekli fizik ya da matematik problemleri ile uğraşmak, denklem veya formüller çözmek de zihin için en iyi diğer antrenmanlardandır.

Zihin antrenmanları, yeni beyin hücreleri oluşmasına neden olmaz. Ancak beyin hücreleri arasında yeni bağlantıların oluşmasını sağlar. Uzun süre öğrenme sürecine ara verildiğinde, beyindeki bazı bağlantılar kaybolmaya başlar. Buna bağlı olarak da öğrenme güçleşir ve bellek zayıflar. Bu nedenle, zekâ oyunları ve matematiksel çözümlerle beyin güçlendirilmeli, öğrenme süreci kesintisiz sürdürülmelidir.

Kitabımızda zihninizi sürekli zinde tutacak beyinsel egzersizler yer almaktadır. Nasıl ki bir sporcunun müsabakalarda başarılı olması için sürekli antrenman yapması gerekiyorsa, beynimizin de dinç kalması ve başarılı olması için idmanlı olması gerekiyor. Bu idmanı sağlayacak en seçme zekâ egzersizlerini sizler için ele aldık bu çalışmamızda. Amaç, sadece matematiksel bir problem çözmek değil, beyin kapasitesini çok yönlü olarak geliştirmek! Bu nedenle, beyin kapasitemizi 8 farklı yönden geliştirebilecek başlıklar altında sunduk çalışmalarımızı. Bu başlıkları;

1. Zekânın tanımı ve çeşitleri
2. Dikkat geliştirme
3. Düşünce gücünü geliştirme
4. Farkındalık geliştirme
5. Zekâ geliştirme
6. Şekillerle zekâ geliştirme
7. Yorum ve muhakeme yeteneği geliştirme
8. Süper bir beyine sahip olmak için öneriler olarak sekiz başlık altında topladık.

Her bölüm için, ilgili yeteneğimizi geliştirecek seçme sorular ve her bölümde bu soruların yanıtları yer almakta. Beyninizi cilalayacak ve çevik bir hale getirecek olan kitabınızla sizleri baş başa bırakıyoruz.

Unutmayın; tıpkı işlemeyen demir gibi, kullanılmayan beyin de paslanır. Her daim zinde, çevik, atak, güçlü ve sağlıklı bir beyin, sizi hayatta başarıdan başarıya sürükleyecektir. Beyninize iyi bakın ve onun kıymetini bilin…

BÖLÜM 1

ZEKÂNIN TANIMI VE ÇEŞİTLERİ

Türk Dil Kurumu'na göre zekâ; insanın düşünme, akıl yürütme, objektif gerçekleri algılama, yargılama ve sonuç çıkarma yeteneklerinin tamamı, anlak, dirayet, zeyreklik, feraset gibi anlamlara gelir.

Kavramlar ve algılar yardımıyla soyut ya da somut nesneler arasındaki ilişkiyi kavrayabilme, soyut düşünme, muhakeme etme ve bu zihinsel işlevleri uyumlu şekilde bir amaca yönelik olarak kullanabilme yetenekleri zekâ olarak adlandırılmaktadır (Koçer 2006). Bu tanım, günümüzde en sık olarak kullanılan zekâ tanımıdır. Birçok filozof ve psikolog tarafından ise farklı şekillerde zekâ tanımlamaları yapılmıştır. Binet ve arkadaşları ilk kez 1905 yılında Fransa'daki okullarda öğrenme zorluğu çeken öğrencileri diğerlerinden ayırt etmek amacıyla bir zekâ testi geliştirmeye başlamışlar ve bu teste Binet-Simon testi denilmiştir. Binet'e göre zekâ; bellek alanı, duyum keskinliği ve tepki hızı gibi basit zihni öğelerle değil, kavrama, hüküm verme, akıl yürütme ve düşünceye belirli bir yön verme, düşünceyi arzu edilen bir gayenin gerçekleşmesine intibak ettirme ile kendi kendini eleştirme, kendi yanlışlarını bulup düzeltme gibi karmaşık işlemlerde kendini gösterir. Bu yıllardan sonra bu testler geliştirilerek farklı yaş gruplarına uygulanır hale getirilmiştir. Ancak bu testlerin en büyük özelliği zekâyı sayısal bir değerle ölçmeleri ve zekâyı tek boyutta ele almalarıdır. Zekâ, daha birçok bilim adamı tarafından farklı şekillerde tanımlanmıştır. Hepsinde ortak görüş ise zekânın kalıtım ve çevrenin ortak ürünü olmasıdır. Tüm bunlarla birlikte zekânın iyileştirilebilir, geliştirilebilir ve değiştirilebilir olduğu, çeşitli yollarla sergilenebildiği, gerçek hayat durumlarından veya koşullarından da soyutlanamayacağı belirtilmektedir (Gardner 1993). Belirtilen bu tanımlarla birlikte zekânın daha birçok tanımı yapılmaktadır:

- İyi akıl yürütme, hüküm verme ve kendini iyileştirme kapasitesi
- Soyut düşünebilme süreci
- Algılama, sorgulama, yaratıcılık
- Gayeli davranma, mantıklı düşünme ve çevresiyle ilişkilerinde etkili olma kapasitesi
- Düşüncesini yeni durumlara bilinçli olarak uydurabilme yeteneği
- Çevreye uygun tepkilerde bulunabilme
- Öğrenme, problem çözme, yeni ürünler ortaya çıkarma ve iletişim kurma kapasitesi
- Cevap vermede, muhtemel çözümleri inceden inceye aramadaki çabukluk ve bir problemin evreleri arasındaki yeni ilişkileri anlayabilme kapasitesi

- Yeni bir düzeneği veya kuralı keşfetme ya da bir tahmin yürütme ile ilgili faaliyet
- Beynin bilgiyi alıp, hızlı ve doğru olarak analiz etmesi

Biyologlar, zekâyı çevreye uyum kabiliyeti olarak görürken, eğitimciler öğrenme, psikologlar ilişkileri anlama, bilgisayarcılar bilgiyi işleme kabiliyeti şeklinde değerlendirmişlerdir. Zekâyla ilgili buraya kadar yazılanlar gösteriyor ki, zekâ tıpkı ruh, bilinçaltı, akıl, düşünme gibi soyut ve açık uçlu bir kavram olduğundan evrensel bir tanıma sığdırılamamaktadır.

Zekâ araştırmalarının ana amacı, insanın bilgi işleme prensiplerinin anlaşılması ve biyolojik sinir sistemlerinin çalışma mekanizmalarının çözülmesidir. Bu mekanizmaların gerek araştırılması gerekse geliştirilmesinde bilgisayarlar önemli bir yer tutmaktadır (Sağıroğlu, Beşdok ve Erler, 2003).

Zekânın farklı tanımlarının olmasına karşılık buna ilişkin kuramların tümü zekânın geliştirilebilecek bir kapasite ya da potansiyel olduğu ve biyolojik temellerinin bulunduğu noktalarında birleşir. Buna göre zekâ; bireyin doğuştan sahip olduğu kalıtımla kuşaktan kuşağa geçen ve merkez sinir sisteminin işlevlerini kapsayan; deneyim öğrenme ve çevreden kaynaklanan etkenlerle biçimlenen bir bileşimdir.

Beynimizin Kısa Bir Özeti

Elimizde bir kullanım kılavuzunu bulundurmadığımız, günlük rutin işlerde bilinçsizce kullandığımız, genellikle nasıl çalıştığını tam olarak bilemediğimiz ve çok küçük bir kısmını kullanıp da içindeki cevheri çözemediğimiz gizemli bir organımızdır beynimiz... Hayati önem taşıyan bu sırlı organımız için yüz binlerce şey yazıldı, araştırmalar yapıldı ve halen de çalışmalar devam etmekte... Her araştırmanın sonucunda hayrete düşülecek sonuçlar alınmakta... Her gün, beynimizle ilgili yeni bir bilinmeyen keşfedilmekte...

Beynimiz, kafa içi boşluğunu dolduran, üç kat beyin zarı ile örtülü, beyaza yakın gri renkli, yumuşak, sinir sisteminin en önemli kısmı ve merkezi, hayati önem taşıyan bir organımızdır. Beyin, kendisini koruyan kafatası boşluğu içerisinde yer alır. Biçimi, büyüklüğü ve ağırlığı, kafatasının biçimine, ayrıca canlının vücut büyüklüğüne ve gelişmişliğine bağlıdır. İnsan beyninin ağırlığı, 1300–1800 gr arasında değişmektedir.

Beynin ve beyin kapsamındaki sinir hücrelerinin bir özelliği de uyarılabilir olmalarıdır. Bir sinir hücresi uyarıldığı zaman ortaya çıkan uyarı dalgası hücreden hücreye yayılır. Bu, ateşlenen barutta her taneciğin bir sonraki barut tanesini ateşlemesine benzetilebilir. Sinir hücrelerini uyaran tesirler, ısı, ışık, ses ve temas şeklinde olabilmektedir. Uyarı, bir hareket veya aktif bir cevap uyandıracaksa, sonuçta ortaya çıkan cevap yine sinir uzantılarıyla kaslara ulaştırılır. Bu kararı beyin verir. Ancak, reflekslerde durum daha değişik olup istek dışı olarak hareket ortaya çıkmaktadır.

Beyin, önden arkaya doğru derin bir yarık ile iki ayrı yarıküreye, bunlar da derin yarıklarla başlıca dört bölüme ayrılır. Her parçaya "lob" denmektedir. Önde alın lobu, arka üst kısımda yan tepe lobu, şakak lobu ve art kafa lobu, beyin yarıkürelerinin kısımlarıdır. Beyin yarı küreleri ortadan birbirlerine, "beyin büyük birleşiği" (Corpus Collosum) ile bağlanırlar.

Beyin; işitme, görme, kavrama, öğrenme, düşünme, akılda tutma gibi hassaların komuta merkezidir. Bir beyin kesitine bakıldığında gri ve beyaz olarak iki ayrı renkte kısımdan meydana geldiği görülür. Gri bölümlere "gri cevher", beyaz bölümlere de "ak cevher" denir. Gri cevher, sinir hücrelerinden, ak cevher ise, sinir hücrelerinin uzantılarından oluşmaktadır. Beynin kabuk kısmı gri, iç kısımları da ak maddeden ibarettir. Ayrıca beynin iç kısımlarında da gri maddeden yapılı çekirdekler (beyin nukleusları) bulunur. Gri maddeyi meydana getiren milyonlarca hücre, dıştan etkilenerek kazandıkları özellik ve bilgileri bir ağ gibi birbirini saran sinir telleriyle birbirlerine iletirler.

İnsan beyninde dört ana lob bulunur:

1. Frontal (Bilinçli düşünme): Zarar görmesi durumunda ruh hali, hissiyat değişikliği olabilir.

2. Pariental: Çeşitli duyu organlarından gelen bilgileri birleştirmede önemli rol oynar. Ayrıca nesnelerin kullanılması ve bazı mekânsal görüş işlemlerinde pariental lobun kimi bölümleri rol alır.

3. Oksipital: Görme duyusuyla ilgili bilgilerin işlendiği lobdur. Hafif zarar görmesi halüsinasyonlara sebep olur.

4. Temporal: Ses ve kokunun algılanması, aynı zamanda da yüzler, mekânlar gibi karmaşık uyaranların işlenmesi bu lob tarafından sağlanır.

Zekâyı güçlendirici alıştırmalar yapmak, elbette sıradan insanların günlük yaşamlarını yansıtan TV programlarını izlemekten çok daha faydalı! Zihinsel oyun gücümüzü arttırarak bir şirketin yıllık raporundaki en önemli verileri saptayabilir, bir reklam ya da pazarlama uzmanının bizleri dolandırmaya çalışıp çalışmadığını anında anlayabilir, eğitim hayatımızda çok daha akıllıca kararlar alabilir, derslerdeki başarılarımızı artırabiliriz. Son araştırmalara göz atıldığında, yıllardır ilk çocukluk evresinden sonra pek değişmediğine inanılan IQ düzeyinin gerçekte yükseltilebileceğine tanık olunuyor. Geçtiğimiz yıllarda Nature Dergisi'nde yayımlanan bir araştırma, dört yılda IQ düzeyinde 21 puanlık şaşırtıcı bir artış ya da 18 puanlık bir düşüş olabileceğini ortaya koyuyor. Araştırmaya önderlik eden Londra University College uzmanlarından Cathy Price, 20 puanın "büyük bir fark yarattığına" dikkat çekiyor ve 110 puandan 130 puana yükselen kişinin "ortalama" insandan "üstün yetenekli" insan sınıfına geçtiğini belirtiyor. Price, araştırmanın 12-20 yaş grubundaki insanları kapsadığını, ancak beynin değişebilme ve yeni sinir hücreleri üretme gücü olarak bilinen nöroplastisite ile ilgili son bulgulara bakıldığında bu sonuçların 60-70'li yaşlar için de geçerli olabileceğini sözlerine ekliyor.

Araştırmada, Price ve arkadaşları IQ düzeyindeki değişimlerin beyindeki yapısal değişimlerle nasıl bağlantılı olduklarını gözler önüne serdiler. Sözel IQ düzeylerinde belirgin bir değişiklik meydana gelen deneklerin %39'unda araştırma öncesi ve sonrasında yapılan beyin taramaları sol motor korteksin adlandırma, okuma ve konuşmayla devinime geçen bölgesindeki gri maddenin (sinir hücreleri sayısı) yoğunluk ve hacminde de bir değişim olduğunu, sözel olmayan IQ (dille ilintili olmayan herhangi bir sorun çözme) düzeyinde bir yükselme ya da düşüş olan %21'lik kesimin de elin devinimiyle ilgili ön beyincik bölümündeki gri madde yoğunluğunda bir değişim meydana geldiğini ortaya koydu. Motor becerilerle bilişsel yeteneklerin yağla su gibi oldukları düşünülse de, kimi araştırmalar duyusal motor becerileri geliştirmenin bilişsel becerileri de körüklediğini ortaya koyuyor. Nedeni tam olarak bilinmemekle birlikte, durumun bu iki beyin sisteminin birbirleriyle sanıldığından çok daha ilintili olmasından kaynaklandığına inanılıyor. Öyle ki, yün örmesini öğrenmek, klasik müzik dinlemek ya da jonglörlük1 sanatında ustalaşmak IQ düzeyinde bir artış sağlayabilir. Kısa erimli bellek üzerinde çalışmanın genel IQ düzeyinin yalnızca bir parçası olduğuna inanılsa da, son araştırmalar bunun tüm IQ düzeyini arttırabilecek bir unsur olduğunu gösteriyor.

2008 yılında Michigan Üniversitesi'nden Susanne Jaeggi önderliğinde yapılan bir araştırma, kısa erimli belleğin, zekânın sanıldığından çok daha temel bir unsuru olabileceğine işaret ediyor. Öte yandan, 2000 yılında Nobel Tıp Ödülü'nü paylaşan Columbia Üniversitesi sinirbilim uzmanlarından Eric Kandel, beyin eğitiminin bilişsel yetenekleri güçlendirdiği konusunda birtakım uyuşmazlıklar olduğunu öne sürerek, bellek üzerinde, söz gelimi, Shakespeare soneleri ezberleme türündeki çalışmaların bilişsel işlevin kimi yönlerinde gelişme sağlayabileceğini söylüyor.

1 Jonglör: Belirli bir sayıdaki nesneyi havaya atıp tutan, bu esnada en az bir adet nesnenin seyahat halinde (havada) olmasını sağlayan sirk veya sahne sanatçısı.

Beyin taramaları bellek alıştırmalarının katıksız zekâyı nasıl geliştirebileceği konusunda birtakım ipuçları sunuyor. Taramalar bellek alıştırmaları sırasında beynin çeşitli bölgelerinin daha etkin duruma geldiğini ve buna bağlı olarak da söz konusu bölgelerin bellekle ilintili olduğunu ortaya koyuyor. Temple Üniversitesi ruhbilimcilerinden Jason Chein yaptığı araştırma sonucunda işler bellekle ilgili dört haftalık karmaşık bir eğitimden geçen erişkinlerin okuduğunu anlama yeteneğinde de belirgin bir gelişmenin meydana geldiğine tanık oldu. Kandel bu tür kazanımların temelinde, yaban mersini yemek ya da nar suyu içmekle beyni güçlendiren hızlı bir reçeteden çok, "yoğun bir eğitimin" yattığına dikkat çekiyor. Zekâ, daha çok sayıda sinir hücresi ve sinapsa sahip olmakla kazanılıyor. Yeni sinir hücreleri ve sinapsların oluşması öğrenmeyi olası kılıyor.

Beynimiz, yaklaşık olarak 100 küsur milyar civarında hücreye sahiptir. Bir hücrenin diğer bir hücreyle olan bağlantısı 10 bin kadardır. Beynin bir gramında yaklaşık 100–150 milyon hücre mevcuttur ve bu hücreler sürekli bir faaliyet içerisindedir. İlginç olan bir nokta daha var ki, her insanın beyni, kendi yüzü ya da parmak izi gibi diğerlerine benzemiyor. Beynin yaklaşık % 80'i su, % 10'u yağ ve % 8'i proteinden oluşuyor. Geri kalan bölümünü karbonhidrat, tuz ve diğer mineraller kaplıyor. Beynin kıvrımları yayıldığında elde edilen korteks, standart A4 kâğıdı büyüklüğünde gri madde tabakası oluşturuyor.

IBM firmasının uzmanlarından Bernstein, beyin-bilgisayar benzetmesine şöyle bir yorum getirmiştir:

"Beyinde olağanüstü bir paralellik hâkim... Tek bir bit bilgi bir anda 100 bin nörona yayılabiliyor. Böylece beyin, bilinen en hızlı bilgisayardan yüz binlerce kat daha hızlı oluyor. Bizim ise elektronikte bunu gerçekleştirmemiz mümkün değil..."

Bilim insanları, kendini diğer organlar gibi yenilemeyen tek organın beyin olduğunu ifade ediyorlar; diğer beden hücreleri yenilenip değişirken, beyin için tek yolun kapasiteyi kullanarak artırmak olduğunu belirtiyorlar. Buna göre, beynini iyi tanıyıp uygun bir şekilde kullanabilenlerin başarılı ve mutlu olma olasılığı artmaktadır.

Çoklu Zekâ Nedir?

Howard Gardner'a göre zekâ, "biyolojik ve psikolojik bir potansiyeldir ve bu potansiyel, kişiyi etkileyen deneyim, kültür ve esin etkenlerinin bir sonucu olarak az ya da çok ölçüde gerçekliğe dönüştürülebilmektedir.

Gardner'ın Çoklu Zekâ Kuramı, insanların sekiz değişik tip zekâya sahip olduklarını savunur. Bu zekâ tipleri ve göstergeleri şunlardır:

1. Dilsel Zekâ: Yazma, konuşma, espri yapma, okuma...

2. Mantıksal/Matematiksel Zekâ: Problem çözme, sorgulama, hesap yapma, deney yapma...

3. Görsel/Alansal/Uzamsal Zekâ: Boyama, çizme, harita okuma, motif çizme, örnek geliştirme...

4. Bedensel/Kinestetik Zekâ: Dans, egzersiz, spor yapma, mümkün olduğunca hareket etme...

5. Müziksel/Ritmik Zekâ: Şarkı söyleme, tempo tutma, müzik dinleme, enstrüman çalma...

6. Sosyal Zekâ: Gruplarla çalışma, aracılık etme, birinin duygularını anlama...

7. Kişiye Dönük Zekâ: Derin düşünce, hayal kurma, hedef koyma, yalnız olmaktan zevk alma...

8. Doğa Zekâsı: Doğal kaynaklara saygı duyma, çevre bilinci, bitki ve hayvanları tanıma, doğaya ilgi duyma...

Çoklu Zekâ Kuramı'nın amacı,

1. Arzu edilen yeteneklerin geliştirilmesi,

2. Bir kavrama, konuya ya da derse birden fazla şekilde yaklaşılması ve

3. Eğitimin kişiselleştirilmesidir.

Çoklu Zekâ Kuramı, eğitimde büyük yankı bulmuş ve eğitimciler tarafından sınıf uygulamaları yapılmaya çalışılmış ve hâlâ çalışılmaktadır. Fakat aslında çoklu zekâ, bütün insanlarda insan olmaktan ötürü gelişmiş ve insandan insana farklılık gösteren yeteneklerin şu an elimizdeki en iyi tanımını veren bir bilimsel kuramdır. Gardner'a göre sahip olduğumuz sekiz zekâ, bileşim bakımından farklılık göstermektedir. Bunun nedenleri kalıtımsal ve çevresel olabilir. Bu, farklı amaç ve esin kaynaklarına sahip olmaktan da kaynaklanabilir. Ancak unutmamak gerekir ki Çoklu Zekâ Kuramı, akıl ve beynin işleyişi hakkında bir kuramdır ve hiçbir bilimsel kuram öğretmene pazartesi sabahı derste ne yapacağını söylemez.

Kuramın getirdiği en büyük yenilik, eğitimin bireyselleştirilmesidir ve hızla gelişmekte olan teknolojiden dolayı bu gittikçe daha kolaylaşmaktadır. Öğretimde herhangi bir tek tip eğitsel yaklaşımın, çocukların yalnızca küçük bir azınlığına sesleneceği kabul edilmelidir. Gardner'ın söylediği şudur: "Hepimiz bu dünyaya bir kez geliyoruz. Öğretmenler bir kez geliyor. Öğrenciler bir kez geliyor.

Herkese eşit şans tanımak zorundayız. Sonunda herkesle başarılı olamayacağız, ama buna çabalamak bile önemlidir..." (Gardner, 1999:155).

IQ testleri bir yüzyıldan fazla zamandır kabul görüyor ve uygulanıyor olduğundan, toplumda birçok kez zekâ katsayısını gösteren rakamlarla insanların etiketlendiğini, toplumda, işinde, okulda başarılı olmuş kişilerin ya da tam tersi okuldan atılanların, hayatta kaybedenlerin zekâ katsayılarının kaç olduğundan söz edildiğini birçoğumuz duymuşuzdur. Ancak Gardner, sekiz tip değişik zekâdan bahsederken, insanların bu zekâlarla etiketlenmemeleri gerektiğine inanmaktadır (Gardner, 1999). Sözgelimi, "benim dilsel görsel ve sosyal zekâm var ama müziksel, mantıksal ve bedensel zekâdan yoksunum" demek yanlıştır. Çünkü değerlendirilen şey performanstır. Zekâlar, kendilerine özgü oluşum türleridir ve bireysel zekâyı ya da bir bireyin zekâlarını herhangi bir güvenirlilik derecesinde değerlendirmek olanaksızdır. Normal yaşamda bu zekâlar genel olarak uyum içinde çalışmakta ve bu nedenle özerklikleri görülmeyebilmektedir.

Gardner'ın ifade ettiği çok önemli bir başka konu da materyali anlamak için kapsamı küçültmek zorunluluğudur. "Ne kadar çok bilgi verirsek o kadar iyi eğitim yapmış oluruz" yanlış bir felsefedir. Tersine, bilgiyi harekete geçirilebilir ve yeni durumlarda kullanılabilir hale getirmedikçe, öğrenciler öğrenimleri boyunca belki testlerde iyi puanlar alabilecekler ancak genel olarak birçoğu hiçbir konuyu tam anlamayacaktır. Kapsamı daraltıp, kavramlar üzerinde zaman harcanır, kavramların öğretilmesine değişik yollarla yaklaşılır ve öğrencilere anladıklarını göstermek için pek çok olanak verilirse iyi bir eğitim yapılabilir. Amaç, ders kitabını bitirmek olmamalıdır. Ayrıca, öğretmenin neyi, niçin öğretmesi gerektiğinde görüş sahibi olmaksızın, nasıl öğreteceği konusunda çalışma yapması mümkün değildir. Dolayısıyla, öncelikle öğretmenin eğitim programında belli bir konunun niçin öğretilmesi gerektiğini kavramış ve öğrencilerine de değişik yöntemlerle anlatabilecek olması gerekir. Eğitimin gerçek amaçları, "diğer insanlarla birlikte olmayı öğrenmek, kişisel disiplin edinmek, iş hayatına hazırlanmak ve sonunda başarı ve mutlulukla ödüllendirilmektir" (Gardner, 1999:161). Okullarda verilen bütün derslerin nihai amacı budur. Ancak, bu amaçlar genellikle göz ardı edilmekte, öğrenciler okuma, hesap yapma, disiplin ve benzeri konularla boğulmaktadır.

Çoklu Zekâ Kuramı'na göre Hangi Yetenekler, Hangi Tür Zekâyı Yansıtır?

1. DİLSEL ZEKÂ

- Hikâyeler anlatır, espriler yapar, olaylar uydurur.
- Hafızası iyidir.
- Kelime oyunlarını sever.
- Okumayı yazmayı sever.
- Yaşına göre sözcük dağarcığı zengindir.
- Sözel iletişimi iyidir.

2. MATEMATİKSEL ZEKÂ

- Herhangi bir şeyin nasıl çalıştığını sorgular.
- Akıldan hesabı çabuk yapar.
- Matematik etkinlikleri sever.
- Strateji oyunlarını sever.

- Mantık oyunlarını sever, boz-yap'ları sever.
- Üst düzey düşünce becerilerini kullanır.

3. GÖRSEL/ALANSAL/UZAMSAL ZEKÂ

- Net zihinsel imaj gördüğünü söyler.
- Harita, çizelge ve şemaları rahatlıkla okur.
- Yaşıtlarından daha hayalcidir.
- Sanat etkinliklerinden zevk alır.
- Görsel gösterimleri sever.
- Boz-yap ve yolunu bul oyunlarını sever.
- Okurken kelimelerden çok resimlerden öğrenir.
- Sayfaları dalgınca resimler.

4. BEDENSEL/ KİNESTETİK ZEKÂ

- Bir veya birden fazla sporda başarılıdır.
- Uzun süre oturunca kıpırdanır, elini ayağını sallar, vs.
- Bir şeyleri parçalayıp tekrar birleştirmeyi sever.
- Yeni şeyleri eller.
- Kendini tiyatroda rol yapar gibi ifade etmeyi sever.

5. MÜZİKSEL ZEKÂ

- Detone müziği tanır.
- Melodileri hatırlar.
- Koroda söyler veya bir enstrüman çalar.
- Ritmik şekilde konuşur veya hareket eder.
- Çalışırken ritmik tempo tutar.
- Çevre seslerine duyarlıdır.

- Müziğe olumlu tepki verir.
- Okul dışı öğrendiği şarkıları söyler.

6. SOSYAL ZEKÂ

- Yaşıtları ile konuşmaktan zevk alır.
- Doğal bir lider olarak davranır.
- Sorunları olan arkadaşlarına önerilerde bulunur.
- Kulüplere, komitelere ve diğer organizasyonlara katılır.
- Başka çocuklarla oynamayı sever.
- Bir veya birden fazla yakın arkadaşı vardır.
- Başkalarına ilgi gösterir.
- Pratik yaşam tecrübesi vardır.(Sokak yaşamı)

7. KİŞİYE DÖNÜK/İÇSEL ZEKÂ

- Bağımsızlık gösterir.
- Kuvvetli yönlerini gerçekçi olarak bilir.
- Kendini yönlendirebilir.
- Grup ile çalışmaktansa yalnız çalışmayı yeğler.
- Özgüveni ve öz tanımı yüksektir.

Çoklu Zekâ Türlerini Geliştirici Faaliyetler[2]

1. Sözel Yetenekler

- Öykü anlatımını
- Bir konu hakkında tartışma

---

2 Bkz: Özcan Demirel, Planlamadan Değerlendirmeye Öğretme Sanatı (Ankara:1999), s. 155-158'den

- Şiir, masal, efsane, kısa oyun ve gazete makaleleri yazma
- Bir konu hakkında sunum yapma
- Bir gruba karşı konuşma yapma
- Bir konu hakkında slogan yaratma
- Bir yetkili ile görüşme.
- Bir yetkiliye, sanatçıya, bilim adamına, v.s. mektup yazma
- Bir konuda not alma
- Kitap okuma
- Yazmak için teknolojiyi kullanma

2. Mantıksal/Matematiksel Yetenekler

- Bir konu hakkında hikâye problemler oluşturma
- Bir sorunun çözümünü matematiksel bir denkleme dönüştürme.
- Bir konuda zaman şeridini yapma
- Bir konu hakkında deney tasarlama ve yapma
- Bir olay hakkında bir strateji oyunu kurma
- Bir iddiasını ispat ederken için kıyas kullanma.
- Analoji oluşturma.
- Şifre tasarlama
- Bir konuyu anlatırken sınıflandırma yapma

3. Bedensel/Kinestetik Yetenekler

- Bir konuda rol yapma ya da simüle etme

- Bir konuyu açıklamak için hareket ya da hareketler zinciri yaratma
- Bir konuda dans koreografisi yaratma
- Bir konuda tahta ve yer oyunları yaratma
- Bir konu için görev ya da bulmaca kartları yapma
- Bir konu inşa etme ya da yapılandırma
- Bir konuda bir gezi planlama ve katılma
- Bir konuda gösteri yapmak için bedensel olarak eğitilmiş bir kişinin niteliklerini kullanma
- Bir konu için sürek avı tasarlama
- Bir aracın modelini yapma
- Bir konuda gösteri yapmak için elle yapılmış materyaller kullanma
- Bir hizmet için ürün tasarlama

4. Görsel/Uzamsal Yetenekler

- Tablo, harita, küme ya da grafik kullanma.
- Slâyt gösterisi, video ya da fotoğraf albümü yaratma.
- Poster, ilan tahtası ya da duvar resimleri tasarlama.
- Öğrenmek için bellek sistemini kullanma.
- Sanat yapıtı yaratma.
- Mimari çizimler yaratma.
- Reklam ya da ilan düzenleme.
- Bir nesnenin ebat ve şeklini değiştirme.
- Bir süreci renklerle şifrelendirme.
- Bir nesneyi resimlerle örnekleme, çizme, boyama, heykelini yapma veya inşa etme

5. Müzikal/Ritmik Menü

- Uygun bir müzik eşliğinde sunum yapma
- Şarkı sözü yazma
- Açıklayan şarkı ya da rap söyleme
- Bir müziğe ritim tutma
- Bir sanatçıyı taklit ederek onun gibi şarkı söyleme
- Ses ve notaların ayrıntılarına odaklanma
- Ritmik örüntüleri belirleme
- Şarkı sözlerini bir konuyla ilişkilendirme
- Kısa bir ders müziği sunma
- Öğrenmeyi geliştirmek için müzik kullanma
- Bir konudaki şarkıları toplama ve sunma
- Bir konuyu açıklamak için bir şarkı ya da müzik bestesinin sonuna yeni bir bölüm ekleme
- Bir konunun resmini yapmak için bir müzik kolajı yaratma

6. Sosyal/Bireylerarası Yetenekler

- Bir konuyu açıklamak için toplantı düzenleme
- Bir konuda sıra arkadaşıyla "yüksek sesle düşünerek problem çözme tekniği" kullanma
- Bir konuda çoklu bakış açısını gösteren rol yapma
- Bir konuyu açıklamak için bir örgüt ya da grupta yer alma
- Bir konuyu öğrenmek için sosyal becerileri kullanma
- Bir konuyu açıklamak için hizmet projesinde yer alma

- Bir konuda birine bir şey öğretme
- Bir konuyu başarmak için ufak bir grupla işbirliği içinde kuralları ve aşamaları planlama
- Bir konuyu ilgili yerel ya da genel bir sorunun çözümüne yardım etme
- Bir konuda dönüt verme ve almayı uygulama
- Bir konuyu başarmak için güçlü olduğunuz zekâlardan birini kullanarak grup içinde rolü üzerine alma

7. Öze Dönük/Bireysel Yetenekler

- Bir konuda başarıyla tamamlamanıza yardımcı olacak niteliklerinizi betimleme
- Bir konu için kişisel bir analoji yaratma
- Bir konuda bir hedef ortaya koyma ve bu hedefi takip etme
- Bir konuda ne hissettiğinizi betimleme
- Bir konuda kişisel felsefenizi açıklama
- Bir konuda kişisel değer yargılarınızdan birini açıklama
- Bir konuda kendi kendini yönlendirme ile öğrenmeyi kullanma
- Bir konuda gazete makalesi yazma
- Bir konuyu çalışırken algıladığınız amacı açıklama
- Bir konudaki çalışmanızı kendi kendinize değerlendirme
- Günlük tutma
- Ev ödevi geliştirme

ÇOKLU ZEKÂ ENVANTERİ[3]

YÖNERGE: Aşağıdaki testte size çok uyan önermenin başındaki kutucuğa 2, hiç uymayanın kutucuğuna 0 yazınız. Eğer size az uyan bir önermeyse, kutucuğa 1 yazınız. Bitirdikten sonra her bölümdeki sayıları ayrı toplayınız. Böylelikle çoklu zekâ profilinizi öğrenmiş olacaksınız.

1. Sözel Zekâ

1. Kelimeleri daha yazmadan, okumadan yahut söylemeden kafamın içinde duyabiliyorum.

2. Televizyon ve filmlerden çok, radyo ve kasetlerden öğrenebilirim.

3. Scrabble gibi kelime oyunlarını severim.

4. Tekerlemelerle, kelime oyunlarıyla eğlenmeyi ve başkalarını da bu şekilde eğlendirmeyi severim.

5. Bazen yazarken veya konuşurken kullandığım kelimelerin anlamını açıklamak zorunda kalırım.

6. Okulda Türkçe, İngilizce, tarih ve diğer sosyal derslerde, matematik, fen bilgisi gibi derslerde olduğumdan daha başarılıyım.

7. Konuşurken sık sık okuduğum ya da duyduğum şeyleri konuşmaya katarım.

2. Mantıksal/Matematiksel Zekâ

8. Herhangi bir ölçüyü, örneğin bir yemek tarifinin malzemelerini yahut marangoz ölçülerini kafamda kolayca ikiyle, üçle çarpabilirim.

---

3 Jim Wingate, English Teaching Professional. London: 1997, s.31'den uyarlandı.

9. Satranç, dama, go gibi önceden planlama gerektiren oyunlarda arkadaşlarımı yeniyorum.

10. Çeşitli şeylerin nasıl işlediğini merak ederim.

11. Çoğu olayların mantıklı bir açıklaması olduğunu düşünürüm.

12. Zaman zaman kelime kullanmadan, gözümle canlandırmadan, ancak anlaşılır şekilde düşünürüm.

13. Evde ve işte, insanların yaptığı ve söylediği şeylerdeki tutarsızlıkları bulup çıkarmak hoşuma gider.

14. Bir konu yahut nesne ölçüldüğü, sınıflandırıldığı, incelendiği veya buna benzer şekilde değerlendirildiği zaman daha rahat ederim.

3. Görsel Zekâ

15. Genellikle gözlerimi kapattığım zaman bariz görüntüler(imajlar) görürüm.

16. Boz-yap (puzzle) gibi görsel bilmeceleri severim.

17. Olayları videoya kaydetmeyi severim/kaydetmeyi isterdim.

18. Rüyalarım canlıdır.

19. Tanımadığım yerlerde yolumu bulabilirim.

20. Okulda geometri benim için cebirden daha kolaydı.

21. Herhangi bir yerin kuşbakışı nasıl görüneceğini zihnimde kolaylıkla canlandırabilirim.

4. Müziksel Zekâ

22. Müzik dinlerken seslerde kayma–bozulma olursa anlarım.

23. Sık sık müzik dinlerim/dinlemek isterim.

24. Bir müzik aleti çalıyorum.

25. Zaman zaman yolda yürürken içimden herhangi bir müzik parçasını tekrar etmekte olduğumu fark ederim.

26. Birçok şarkının / müzik eserinin müziğini ezbere biliyorum.

27. Bir müzik parçasını bir-iki kere duyduktan sonra tekrar edebilirim.

28. Çalışırken, iş yaparken veya yeni bir şey öğrenirken sık sık melodiler mırıldanır veya tempo tutar gibi yaparım.

5. Bedensel/Kinestetik Zekâ

29. En az bir sporu düzenli olarak yapıyorum.

30. Olduğum yerde uzun süre hareketsiz duramam.

31. Ellerimle çalışmayı, bir şeyler yapmayı severim.

32. En iyi fikirler, yürürken, koşarken yahut vücudumu başka bir fiziksel aktivite yaparken aklıma gelir.

33. Konuşurken ellerimi ve vücudumu da kullanırım.

34. Tehlikeli sporlardan, yarışmalardan, eğlence parklarındaki en cesaret isteyen oyunlardan zevk alırım.

35. Yeni bir şey öğreneceksem kitaptan okuyarak ya da eğitici video izleyerek değil bizzat yaparak öğrenmeyi tercih ederim.

6. Sosyal Zekâ

36. Ben insanların öğüt almak için başvurduğu biriyim.

37. Takım sporlarını bireysel sporlardan daha çok severim.

38. Bir derdim varsa, kendi başıma çözmektense bir başkasına danışmayı tercih ederim.

39. Video oyunları ve solitaire yerine başkalarıyla olacağım briç, okey gibi oyunları tercih ederim.

40. Bildiklerimi başkalarına öğretmekten zevk alırım.

41. Ben bir liderim/ başkaları lider olduğumu söylerler.

42. Topluluk içinde rahat ederim.

7. Özedönük/Bireysel Zekâ

43. Düzenli olarak yalnız başıma düşünmek , hayatla ilgili önemli sorulara kafa yormak için zaman ayırırım.

44. Kendimi daha iyi tanımak için kitaplardan,kişilerden ve kurslardan yararlanırım.

45. Başkalarının anlamadığı şeylerle ilgili kendime özgü fikirlerim var.

46. Kendimi inatçı yahut özgürlüğüne aşırı düşkün bulurum.

47. Başkalarıyla paylaşmaktansa kendime ayırdığım bir hobim/ilgi alanım var.

48. İç dünyamı anlattığım bir günlüğüm var.

49. Düzenli olarak zaman ayırıp düşünüp planladığım geleceğe dönük hedeflerim var.

8. Doğa Zekâsı

50. Değişik bitkileri tanıyabilirim.

51. Bahçeyle ve toprakla uğraşmayı severim.

52. Yaban otlarını bitkilerden ayırt edebilirim.

53. Evimde ve iş yerimde baktığım bitkilerim var.

54. Birçok arabanın modelini ve yılını söylemek benim için kolaydır.

55. Gökyüzüne bakıp bulutların türlerini ve nasıl bir hava getireceklerini söyleyebilirim.

56. Evimde hayvan besliyorum/ beslemek isterdim.

IQ Nedir?

İlk zekâ testlerinin dayandığı nokta belirli işler veya test elemanları üzerindeki performansın yaş ile birlikte arttığı ve bu performansın belirli bir yaş grubunda yer alan daha zeki kişilerin daha az zeki kişilerden ayırt etmede kullanılabileceği varsayımıydı. Alfred Binet'in bu prensipten yola çıkarak hazırladığı ilk zekâ testi; düşük zekâ seviyesindeki çocuklara daha iyi bir eğitim sağlayabilmek üzere onları tespit edebilmeyi amaçlıyordu.

Binet, bu zeka testlerini öğretmenleri tarafından ileri ya da geri olarak nitelendirilen aynı yaştaki çeşitli öğrenciler üzerinde uygulamaya başladı. Eğer bir problem ya da iş ileri olarak nitelenen çocuklar tarafından yapılabiliyor ama geri çocuklar tarafından yapılamıyorsa bu soru o yaş için test maddesi olmaya uygun kabul ediliyordu diğer durumda ise test maddesi olarak göz önüne alınmıyordu. Bu işin sonunda Binet, aynı yaştaki ileri ve geri grupları ayırt etmek üzere birçok sorudan oluşan testler elde etmiş oldu.

Binet Testi'nde, test uygulanan çocukların zekâ yaşlarını göstermek üzere bir sayı kullanılıyordu. Zekâ yaşı uygulanan testte aynı puanı alan çocukların ortalama yaşına karşılık gelmektedir. Örneğin 10 yaşındaki bir çocuk testten 45 puan aldıysa ve bu puan 8 yaşındaki çocukların ortalama puanına karşılık geliyorsa, bu durumda bu çocuğun zekâ yaşını 8'dir. Benzer şekilde 14 yaşındaki bir çocuk eğer testten 88 puan aldıysa ve bu puan 16 yaşındaki çocukların ortalama puanıysa, bu durumda bu çocuğun zekâ yaşı 16 demektir.

Öğrencilere bu şekilde bir zekâ yaşı verilmesi, onların aynı yaştaki diğer çocuklara göre nasıl olduklarını gösteriyordu; ancak böyle bir sayı, aynı yaşta olmayan kişilerin zekâ derecelerini karşılaştırmakta problem yaratıyordu. Dolayısıyla zekâ derecesini belirlemek üzere zekâ yaşı yerine "zekâ bölümü" yani IQ (Intelligence Quotient) olarak adlandırılan bir değer kullanılmaya başlandı. IQ, zekâ yaşının doğum tarihine göre belirlenen gerçek yaşa bölümünün yüzle çarpılmasıyla elde edilmekteydi.

Yani;

IQ= (Zekâ Yaşı/Gerçek Yaş) x 100 formülü ile bulunmaktadır.

Daha önceki örneklerimize bu formülü uygulayacak olursak:

Birinci öğrenci için: IQ=(8/10)*100=80

İkinci öğrenci içinse IQ=(16/14)*100=114, 2 olarak bulunacaktır.

Yukarıdaki formülden de kolayca anlaşılacağı gibi, eğer bir kişinin gerçek yaşı ve zekâ yaşı aynıysa, IQ derecesi 100 olacaktır. Zekâ yaşı gerçek yaşından büyük olanlar için 100'den daha büyük, diğerleri içinse daha küçük bir IQ derecesi elde edilecektir.

IQ derecesinin hesaplanmasında temel kavramlar aynı olmasına karşın günümüzde IQ dereceleri standartlaştırılmış bir grubun ortalama sonuçlarının ve standart sapmalarının kullanıldığı istatistiksel ve matematiksel bir takım hesaplamalar içeren karmaşık bir yöntemle daha anlamlı bir biçimde bulunmaktadır.

İnsanlarda ortalama Zekâ Bölümü 100 olarak kabul edilmiştir. Kabaca bir sınıflama yapılacak olursa, 130'un üstündeki IQ değerleri "üstün zekâ", 70'in altındaki IQ değerleri ise "geri zekâ" olarak nitelendirilir. En çok görülen IQ derecesi, ortalamaya karşılık gelen 100'dür. İnsanların %68,3'ü 85 ve 115 arasında ortalamaya yakın bir IQ derecesine sahiptir.

IQ TESTİ - 1

Aşağıdaki IQ testi 20 sorudan oluşmaktadır. Testin geçerli olabilmesi için en az 15 sorunun cevaplanması gerekmektedir. Test süresi 20 dakikadır.

1-8 arasındaki sorularda, soru işareti yerine gelebilecek harf veya sayıları bulunuz.

SORU-1) A, D, G, J, ?

A) N **B)** M **C)** S **D)** K

SORU-2) 1, 3, 6, 10, ?

A) 13 **B)** 16 **C)** 20 **D)** 15

SORU-3) 1, 1, 2, 3, 5, ?

A) 7 **B)** 8 **C)** 9 **D)** 11

SORU-4) 21, 20, 18, 15, 11, ?

A) 6 **B)** 7 **C)** 8 **D)** 9

SORU-5) 8, 6, 7, 5, 6, 4, ?

A) 5 **B)** 7 **C)** 2 **D)** 1

SORU-6) 65536, 256, 16, ?

A) 2 **B)** 8 **C)** 4 **D)** 1

SORU-7) 1, 0, -1, -1, ?

A) 1 **B)** 0 **C)** -1 **D)** 2

SORU-8) 3968, 63, 8, 3, ?

A) 0 **B)** 1 **C)** 7 **D)** 2

9-15 arasındaki sorularda büyük şekiller içindeki boş alana gelebilecek olan şekli bulunuz.

SORU-9) 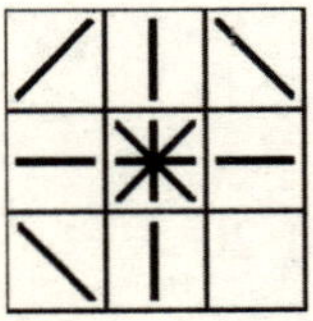

A)  **B)**  **C)**  **D)** 

SORU-10) 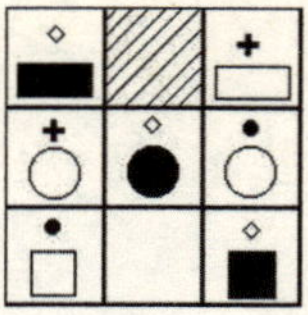

A)  B)  C)  D) 

SORU-11) 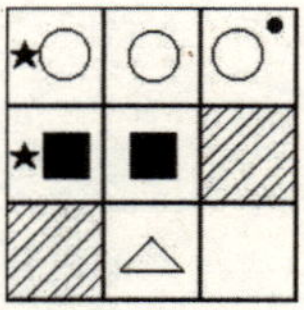

A)  B)  C)  D) 

SORU-12) 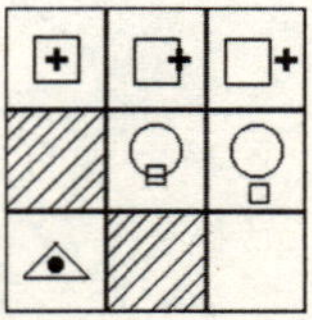

A)  B)  C) 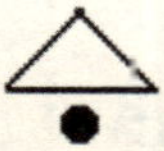 D) 

SORU-13) 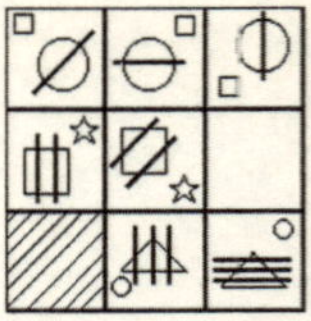

A)  B)  C)  D) 

SORU-14) 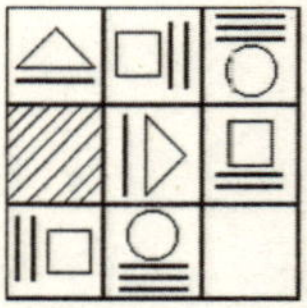

A)  B)  C) 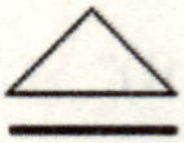 D) 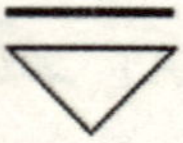

SORU-15) 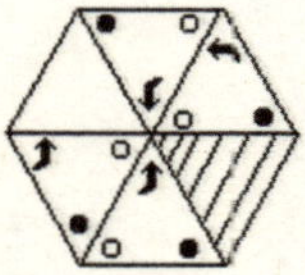

A)  B) 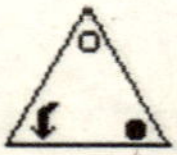 C)  D) 

16-20 arasındaki sorularda 3'lü grupları takiben gelebilecek şekli bulunuz.

SORU-16) 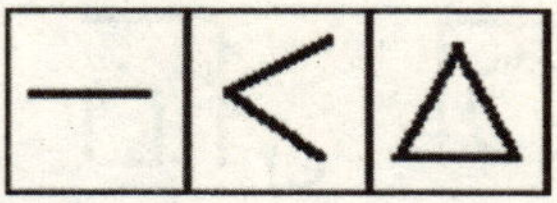

A)  B)  C)  D) 

SORU-17) 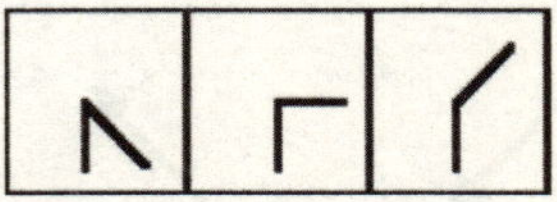

A)  B)  C)  D) 

SORU-18) 

A) 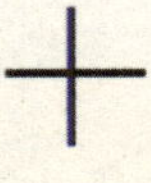 B)  C)  D) 

SORU-19) 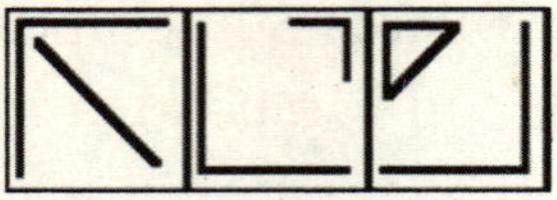

A)  B)  C)  D) 

SORU-20) 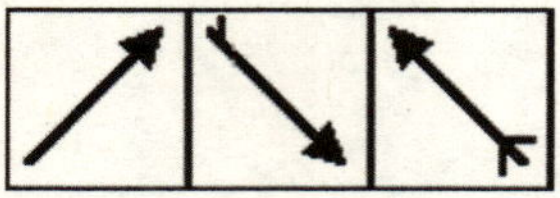

A)  B)  C)  D) 

Cevap Anahtarı

1- B	2- D	3- B	4- A	5- A
6- C	7- B	8- D	9- B	10- D
11- C	12- A	13- C	14- A	15- C
16- C	17- B	18- D	19- D	20- D

Değerlendirme

Doğru ve yanlış sayısını öğrendikten sonra IQ seviyenizi öğrenmek için aşağıdaki tabloyu inceleyin.

Yanlış	0	1	2	3	4	5	6	7	8	9	10	11	12	13	14	15	16	17	18	19	20
Doğru																					
20	170																				
19	164	162																			
18	158	156	154																		
17	152	150	148	146																	
16	146	144	142	140	138																
15	140	138	136	134	132	130															
14	134	132	130	128	126	124	122														
13	128	126	124	122	120	118	116	114													
12	122	120	118	116	114	112	110	108	106												
11	116	114	112	110	108	106	104	102	100	98											
10	110	108	106	104	102	100	98	96	94	92	90										
9	104	102	100	98	96	94	92	90	88	86	84	82									
8	98	96	94	92	90	88	86	84	82	80	78	76	74								
7	92	90	88	86	84	82	80	78	76	74	72	70	68	66							
6	86	84	82	80	78	76	74	72	70	68	66	64	62	60	58						
5	80	78	76	74	72	70	68	66	64	62	60	58	56	54	52	50					
4	74	72	70	68	66	64	62	60	58	56	54	52	50	48	46	44	42				
3	68	66	64	62	60	58	56	54	52	50	48	46	44	42	40	38	36	34			
2	62	60	58	56	54	52	50	48	46	44	42	40	38	36	34	32	30	28	26		
1	56	54	52	50	48	46	44	42	40	38	36	34	32	30	28	26	24	22	20	18	
0	50	48	46	44	42	40	38	36	34	32	30	28	26	24	22	20	18	16	14	12	10

Örneğin, 13 doğru, 7 yanlışınız varsa, IQ puanınız 114'tür.

Yanlış	0	1	2	3	4	5	6	7	8	9	10	11	12	13	14	15	16	17	18	19	20
Doğru																					
20	170																				
19	164	162																			
18	158	156	154																		
17	152	150	148	146																	
16	146	144	142	140	138																
15	140	138	136	134	132	130															
14	134	132	130	128	126	124	122														
13	128	126	124	122	120	118	116	114													
12	122	120	118	116	114	112	110	108	106												
11	116	114	112	110	108	106	104	102	100	98											
10	110	108	106	104	102	100	98	96	94	92	90										
9	104	102	100	98	96	94	92	90	88	86	84	82									
8	98	96	94	92	90	88	86	84	82	80	78	76	74								
7	92	90	88	86	84	82	80	78	76	74	72	70	68	66							
6	86	84	82	80	78	76	74	72	70	68	66	64	62	60	58						
5	80	78	76	74	72	70	68	66	64	62	60	58	56	54	52	50					
4	74	72	70	68	66	64	62	60	58	56	54	52	50	48	46	44	42				
3	68	66	64	62	60	58	56	54	52	50	48	46	44	42	40	38	36	34			
2	62	60	58	56	54	52	50	48	46	44	42	40	38	36	34	32	30	28	26		
1	56	54	52	50	48	46	44	42	40	38	36	34	32	30	28	26	24	22	20	18	
0	50	48	46	44	42	40	38	36	34	32	30	28	26	24	22	20	18	16	14	12	10

IQ TESTİ – 2

Aşağıdaki IQ testi 20 sorudan oluşmaktadır. Testin geçerli olabilmesi için en az 15 sorunun cevaplanması gerekmektedir. Test süresi 20 dakikadır.

1-9 arasındaki sorularda, soru işareti yerine gelebilecek harf veya sayıları bulunuz.

SORU-1) 1, 4, 7, 10, 13, ?

A) 14 **B)** 15 **C)** 16 **D)** 17

SORU-2) 37, 35, 33, 31, 29, ?

A) 28 **B)** 27 **C)** 26 **D)** 25

SORU-3) 4, 5, 7, 10, 14, 19, ?

A) 22 **B)** 23 **C)** 24 **D)** 25

SORU-4) 9, 10, 12, 13, 15, 16, ?

A) 17 **B)** 18 **C)** 19 **D)** 20

SORU-5) 40, 37, 35, 32, 30, 27, ?

A) 26 **B)** 25 **C)** 24 **D)** 23

SORU-6) 3, 6, 12, 24, 48, 96, ?

A) 192 **B)** 144 **C)** 120 **D)** 169

SORU-7) 13, 14, 28, 29, 58, 59, ?

A) 118 **B)** 60 **C)** 87 **D)** 96

SORU-8) 4, 12, 11, 33, 32, 96, ?

A) 111 **B)** 99 **C)** 97 **D)** 95

SORU-9) 13, 6, 10, 9, 7, 12, 4,15,?

A) 4 **B)** 3 **C)** 2 **D)** 1

10-20 arasındaki sorularda diziyi takip eden en uygun şekli bulunuz.

SORU-10) 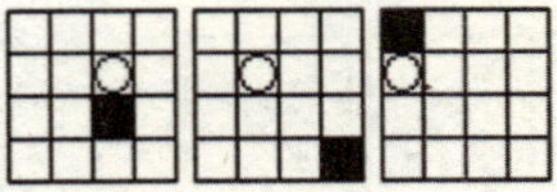

A) 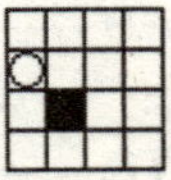 **B)** 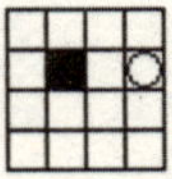 **C)** 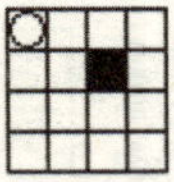 **D)** 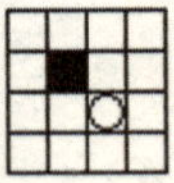

SORU-11) 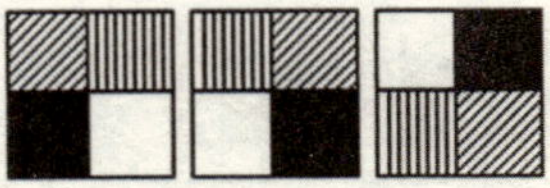

A) 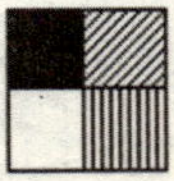 **B)**  **C)**  **D)** 

SORU-12) 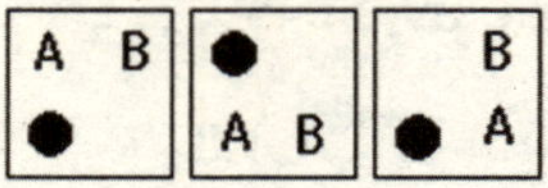

A) 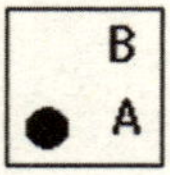

B) 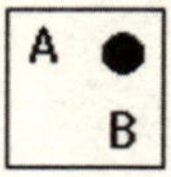

C) 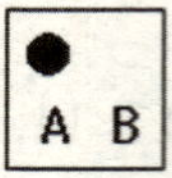

D) 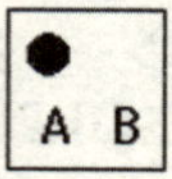

SORU-13) 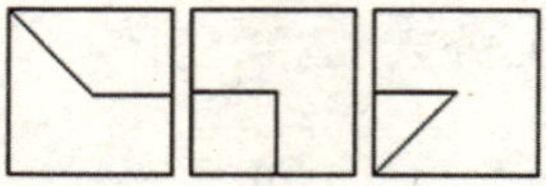

A) 
B) 
C) 
D) 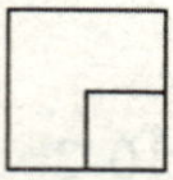

SORU-14) 

A) 
B) 
C) 
D) 

SORU-15) 

A) 
B) 
C) 
D) 

SORU-16) 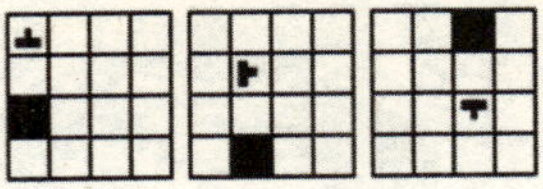

A)  B) 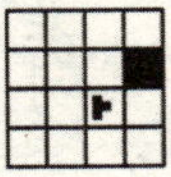 C) 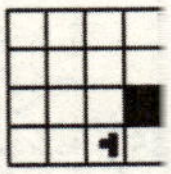 D) 

SORU-17) 

A)  B)  C)  D) 

SORU-18) 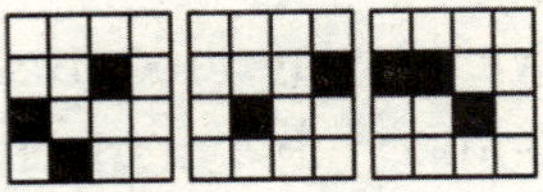

A)  B)  C)  D) 

SORU-19) 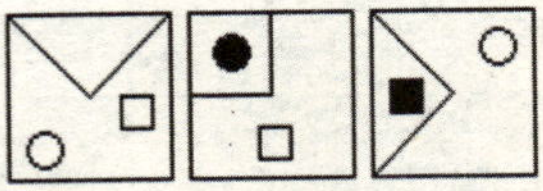

A) 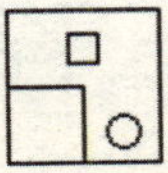 B)  C) 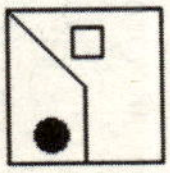 D) 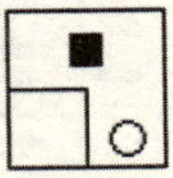

SORU-20) 

A)  B)  C)  D) 

Cevap Anahtarı

1- C	2- B	3- D	4- B	5- B
6- A	7- A	8- C	9- D	10- B
11- D	12- D	13- A	14- B	15- B
16- D	17- D	18- B	19- A	20- A

Değerlendirme

Doğru ve yanlış sayısını öğrendikten sonra IQ seviyenizi öğrenmek için aşağıdaki tabloyu inceleyin.

Yanlış	0	1	2	3	4	5	6	7	8	9	10	11	12	13	14	15	16	17	18	19	20
Doğru																					
20	170																				
19	164	162																			
18	158	156	154																		
17	152	150	148	146																	
16	146	144	142	140	138																
15	140	138	136	134	132	130															
14	134	132	130	128	126	124	122														
13	128	126	124	122	120	118	116	114													
12	122	120	118	116	114	112	110	108	106												
11	116	114	112	110	108	106	104	102	100	98											
10	110	108	106	104	102	100	98	96	94	92	90										
9	104	102	100	98	96	94	92	90	88	86	84	82									
8	98	96	94	92	90	88	86	84	82	80	78	76	74								
7	92	90	88	86	84	82	80	78	76	74	72	70	68	66							
6	86	84	82	80	78	76	74	72	70	68	66	64	62	60	58						
5	80	78	76	74	72	70	68	66	64	62	60	58	56	54	52	50					
4	74	72	70	68	66	64	62	60	58	56	54	52	50	48	46	44	42				
3	68	66	64	62	60	58	56	54	52	50	48	46	44	42	40	38	36	34			
2	62	60	58	56	54	52	50	48	46	44	42	40	38	36	34	32	30	28	26		
1	56	54	52	50	48	46	44	42	40	38	36	34	32	30	28	26	24	22	20	18	
0	50	48	46	44	42	40	38	36	34	32	30	28	26	24	22	20	18	16	14	12	10

BÖLÜM 2

A- DİKKAT GELİŞTİRME

Dikkati, beynimizin belirli bir süre sadece bir düşünceye odaklanması, dışarıdan gelen uyaranları durdurarak tek bir uyarana yoğunlaşma yeteneği olarak tanımlayabiliriz. Şu an bu yazıyı okuyorsunuz ve belki aynı zamanda çalan bir müziğinin sesini, dışarıdan ağlayan bir çocuğun sesini de duyabiliyorsunuz. Siz farkında olmasanız bile, beyniniz aynı anda onlarca uyaran alıyor ama bunların içinden yalnızca birini seçiyor ve ona yoğunlaşıyor. İşte biz beynimizin bu yeteneğine 'dikkat' diyoruz.

Hepimizin dikkat yeteneği şöyle ya da böyle vardır. Eğer olmasaydı: Bize söylenen hiç bir şeyi anlayamaz, öğrenmek istediğimiz hiç bir şeyi öğrenemezdik. Araba kullanmayı bilen biri, bunu nasıl yaptığının farkına bile varmadan robotlaşmış gibi yapabilir. Ancak direksiyona ilk geçtiğinde bunu nasıl yapacağını bilmiyordu. Bunu öğrenmek için öncelikle dikkatini araba kullanma üzerine yoğunlaştırması gerekti. Araba kullanmayı iyi bilen bir araba yarışçısı, bilgisayar oyununda çok başarılı bir öğrenci, iyi yemek yapan bir aşçı, bu yeteneklerini geliştirebilmek için uzunca bir süre dikkatini tam olarak sağlayabildiği bir çalışma işine girmiştir.

Şimdi gözlerinizi kapatın ve okuma-yazmayı öğrendiğiniz, bisiklete binmeyi öğrendiğiniz anları bir bir düşünün... İşte hepimiz, dikkatimizi ve odaklanma yeteneğimizi sıradan günlük yaşantımızda farkında bile olmadan bir şekilde kullanırız.

Dikkat ve konsantrasyon ilişkisi

Hani okullarda fen derslerinde uygulanan bir "mercek deneyi" vardır ya. Güneş ışığını merceğin odak noktasına ayarladığımızda, normal şartlarda bize sadece ışık veren ve hoş bir şekilde ısıtan güneş ışınları, merceğin odak noktasında toplandığında, bir kâğıdı yakabilecek güce geliyor. İşte size odaklanmanın gücü! Siz de zihninizi tıpkı merceğin ışığı odakladığı gibi, bilgiye, o anda okuduklarınıza odaklarsanız, beyninizdeki gereksiz düşünceler yerlerini terk edecek ve okurken farklı şeyler düşünmeyerek sadece okunan konuya tam dikkatinizi vereceksiniz. Bu şekilde okuduklarınızdan daha çok şey anlayacak ve daha fazla anlam çıkaracaksınız.

Bazen bir soruyu birkaç defa okuduğunuz halde anlamıyor, kitap okurken on, on beş sayfa çevirdiğiniz halde "Bu sayfaları kim okudu?" deyip etrafınıza bakıyor ve okuduklarınızdan pek bir şey hatırlamıyorsanız, sizde de konsantrasyon sorunu var demektir. Hemen endişe etmeyin. Bu sorun insanların büyük çoğunluğunda var. Dünyanın en ünlü "beyin antrenörü" olan Tony Buzan; "Dünyanın neresinde olursa olsun, kaçınızda konsantrasyon sorunu var, diye sorduğumda, oradakilerin % 95'i elini kaldırıyor. Elini kaldırmayan % 5'lik kısım ise zaten beni dinlemeyenler." diyor.

Konsantrasyon, herhangi bir işi yaparken o işe kendini tamamen verebilme ve bunu, işin bitimine kadar sürdürebilme yeteneğidir. Dünya şampiyonu okçulardan birinin konsantrasyon tanımı şöyledir: "Hedefim ile kendim arasındaki her şeye gözlerimi kaparım Yayım benim bir uzantım haline gelir. Zihnimde biraz sonraki hedeften başka bir şey yoktur. O anda yalnız onu görür, onu duyar, onu hisseder ve mükemmel bir duygu yaşarım. Sonra yayı bırakırım, ok kendi kendine hedefine gider."

Zihin, sıra dışı şeylerin üstesinden gelebilir. Asıl gerçek arzu veya düşüncelere sahip olmanız, bunları gerçekleştirebilecek kapasiteye de sahip olduğunuz anlamına gelmektedir. Zihin gücünüzü açığa çıkarmak için önce onu kontrol altına almayı öğrenmelisiniz. Zihninizi tek bir amaca odakladığınızda sıra dışı armağanlarla karşılaşacaksınız. Onun muazzam gücünü belirli amaçlar için kullanırsanız, kişisel potansiyelinizi kolayca ateşler ve şaşırtıcı sonuçlar alırsınız.

Hepimiz, yerçekimi kuvvetinin nasıl keşfedildiğini biliyoruzdur. Newton, bir gün, bir elma ağacının altındaki otların üzerine uzanmışken ağaçtan elmaların düştüğünü gördü ve tam da o anda yerçekimini keşfetti. Onun bu keşfi konsantrasyonun gücünü, nerede ve nasıl olursa olsun düşünceyi bir konuya odaklamanın faydalarını göstermekteydi.

Güneş ışınları bir noktaya odaklanmadan, orayı nasıl tutuşturamıyorsa insanlar da dikkatlerini bir yere odaklamadıklarında başarılı olamazlar. Bir insan, aynı anda beş tane tavuğun peşinden koşabilir ama bunlardan hiçbirini yakalayamaz. Sadece bir tanesinin peşinden giderse, onu yakalama şansı neredeyse % 100 oranında artar.

Bir aslan ava çıktığında, karşısındaki ceylan sürüsünden sadece bir ceylanı gözüne kestirir; sonra o ceylana odaklanır, sessizce ilerler, vücudun gerginleştirir. Bir süre öylece kalır, gözleri sadece o ceylanı görmektedir.Ve fırlar, doğru o ceylana doğru... Belgesellerde dikkat edin, bir sürüyü kovalayan aslan, gerçekte sürüyü kovalamıyordur, o sadece gözüne kestiği, odaklandığı hayvanın peşindedir.

Öğrendiğiniz bilgileri hafızanızda uzun süre tutmak ve unutmamak istiyorsanız, odaklanarak gözlem yapma becerinizi geliştirmelisiniz. İnsanların hafızalarıyla ilgili asıl sorunları, öğrendiklerini kısa sürede unutmaları değil, bilgiyi dikkatli bir şekilde kaydetmemiş olmalarıdır. Genellikle odaklanarak gözlem yapma alışkanlığının önemini göz ardı ederiz. Bir olayı dikkatle gözlemlemezsek, hafızamız onu ileride hatırlayabileceğimiz şekilde kayda almayacaktır. Eğer hafıza performansınızı arttırmak istiyorsanız gözlerinizi açın ve ayrıntılara dikkat edin; odaklanın.

Ülkemizin en başarılı iş adamlarından biri olan merhum Üzeyir Garih, bir kitabında hafızasının çok güçlü olduğunu ve gerektiğinde çok hızlı kararlar alabildiğini söylüyor. Ona bu özellikleri kazandıran en önemli şeyin de çocukken babasının onunla oynadığı bir oyun olduğundan bahsediyor. Babası, Üzeyir Garih'i bir vitrinin önüne getirir ve kısa bir süre bakmasını söylerdi. Sonra vitrine sırtını döndürür ve oradaki eşyaları tek tek saymasını isterdi. Üzeyir Garih önceleri zorlanır, eşyaların çoğunu eksik sayar ama babası sürekli onu olumlu motive eder ve tekrar tekrar bu oyunu oynarlardı. Sonuçta Üzeyir Garih'in gözlem, dikkat, algılama ve hızlı karar verme yeteneği bu basit oyunla gelişir. Gerçek anlamda görmek yerine boş boş bakmak kötü hafızanın asıl nedenidir.

Dikkat ve konsantrasyon mucizesi

Günümüzde dikkat ve konsantrasyon yeteneği giderek daha fazla önem kazanmaktadır. Çünkü yaptıkları işe veya çalıştıkları konuya gerçekten iyi konsantre olabilenler, daha kısa zamanda, daha çok konuyu, daha etkili bir biçimde öğrenebilmekte ya da sorunu çözebilmektedirler. Dikkat ve konsantrasyon yeteneği, başarıya ulaşmak isteyen herkesin asla vazgeçemeyeceği bir özelliktir.

Dikkat nedir? Bir hedefe yönelik bilinçli ve yoğun algıya dikkat denir. Konsantrasyon nedir? Bir konuya zihinsel olarak belli bir süre odaklanabilmektir. Diğer bir deyişle konsantrasyon, herhangi bir işi yaparken, o işe kendini tamamen verebilme ve bunu iş bitimine kadar sürdürebilme yeteneğidir.

Etkili ve verimli çalışma ve öğrenmenin ön koşullarından biri de uyanıklık, dikkat ve konsantrasyondur. William Mahheus: "Başarının ilk kuralı konsantrasyondur. Bütün enerjiyi bir noktaya yönlendirip, etrafa bakmadan o noktaya kilitlenmek gerekir." derken konsantrasyonu başarının ilk şartı olarak görmektedir.

Gelmiş geçmiş tüm zamanların en büyük dahilerinden olan Leonardo da Vinci'nin göz kamaştıran başarıları ve becerilerinin temel nedeni, o an yaptığı işe tümüyle konsantre olabilmesiydi. Ezber yeteneğini de herkesi şaşırtacak derece geliştirmiş olan Da Vinci: "Öğrendiklerimizi niçin belleğimizde tutamıyoruz?" sorusuna şöyle cevap veriyor: "Ortalama bir insan, görmeden bakmakta, duymadan dinlemekte, hissetmeden dokunmakta, tat almadan yemekte, fiziki bilince ulaşmadan hareket etmekte, koku alma bilincine ulaşmadan nefes almakta ve düşünmeden konuşmaktadır. Böyle bir 'duyusal körlükte' belleğin evrenle ilişkisi kesilir.

Verimli bir öğrenmenin ancak beş duyunun çok iyi kullanılmasıyla mümkün olabileceğini tespit etmiş olan Leonardo da Vinci, duyularını çok iyi kullanıyordu. Onunla ilgili şunlar söylenirdi; "O yaptığı iş ne olursa olsun bütün duygularını ve duyularını o işe odaklıyordu. Resim yaparken o kadar yoğunlaşırdı ki; adeta resmin dışında hiçbir şeyi görmez, duymaz ve hissetmezdi. Kitap okurken gözlerini olabildiği kadar açar, zihnindeki bütün hayalleri durdurur ve beynini tümüyle okuduğu yazıya odaklardı. Müzik dinleyeceği zaman da müziğin verdiği zevki iliklerine kadar hissederdi." Leonardo da Vinci'nin göz kamaştıran başarı ve becerilerinin temel nedeni, o an yaptığı işe bütünüyle konsantre olabilmesiydi. Çünkü başarının ilk kuralı konsantrasyondur. Her insan büyük bir iç potansiyele sahiptir. Ancak herkes bu potansiyelden konsantre olabildiği ölçüde yararlanabilir. Beyni tek bir konuya yoğunlaştırmak beyin gücünün açığa çıkmasını sağlar. Beyninizi bir şeye tam olarak konsantre edebildiğiniz anda bilinç ve bilinçaltının gücü birleşir ve hedefe yönelir.

İlgi neredeyse enerji oraya akar. Konsantrasyon ilginin dolayısıyla enerjinin tek bir noktaya odaklanmasıyla sağlanır. Fransa'nın eski başbakanlarından Clemencau; "Saçımı tararken yalnız saçımı düşünürüm." der.

Ders çalışırken çabuk sıkılmak, dinlerken ve okurken farkında olmadan hayal kurmak, çalışılan yerleri yeri geldiğinde hatırlayamamak, dikkatsizlik sebebiyle hata yapmak, aldığımız kişisel kararları uygulayamamak, büyük ölçüde dikkat yetersizliği ve yeterince konsantre olamamaktan kaynaklanır.

Dikkatin çeşitleri

Farklı fonksiyonları olmakla beraber, öğrenme sürecini en çok etkileyen üç çeşit dikkat vardır. Bunlar;

1. Seçici Dikkat
2. Odaklanmış Dikkat
3. Sürekli Dikkat

Bu üç fonksiyonu gerçekleştiremeyen bireyler öğrenme sorunu yaşarlar; yani ÖĞRENEMEZLER...

1. Seçici Dikkat: Onlarca (belki de daha çok) uyaranın olduğu (en az iki uyarandan fazla) bir ortamda kişilerin diğer uyaranları görmezden gelecek şekilde beynini organize ederek, dikkatini bir bir uyaran üzerinde toplayabilmesi yeteneğine denir. Kısaca: Bir uyaranı işlemek üzere seçtiğimiz, diğerlerini ise ihmal ettiğimiz süreçtir.

Gözlerimiz ve kulaklarımız günlük yaşantımızda sürekli olarak, bilinçli ya da bilinçsiz bir şekilde bir seçim halindedir. Eylemlerimizin bazılarını bilerek, bazılarını da bilmeyerek gerçekleştiririz. Bu nedenle dikkatte seçim, en önemli etkendir. Çünkü dikkati sağlayan seçimdir. Öğretmeniniz sınıfta ders anlatırken, arkadaşınız size bir şey fısıldayabilir. Burada iki tane işitsel uyaran vardır. Siz, ikisi arasında hangisini seçerseniz onu duyarsınız. Böylece diğer uyaranları engellemiş olursunuz. İşte 'dikkat kaybı' ya da 'dikkat eksikliği' bu noktada başlar. Beyin, farklı türdeki uyaranları aynı anda kabul edebilir. Örneğin müzik dinlerken aynı anda kitap okuyabilir, ya da araba kullanırken radyoyu açıp dinleyebilirsiniz. İşte bizi yanıltan nokta tam olarak burasıdır. Sanki aynı anda beynimiz iki farklı olaya odaklanıyormuş gibi bir yanılgıdır. Yolda yürürken, aynı anda yüzünüzü kaşıyabilir, hem nefes alıp verir, hem de konuşabilirsiniz. Nasıl peki? Aslında çok basit... Beynimizin istemsiz olarak yapabildiği pek çok şey vardır ve siz bunların çok azının farkındasınızdır. Örneğin telefonda konuşurken bir yandan makyaj yapabilir, diğer yandan da çocuğunuza gülümseyebilirsiniz. Fakat beyninizin bilinçli kısmı sadece telefon konuşmasına odaklanmıştır. Dikkat eğitiminde önemli olan nokta, dikkatimizi istediğimiz noktaya odaklayabilmemizdir.

Bilinçli bir dikkat, aynı anda sadece bir noktaya odaklanabilir. Bilinçli beyne aynı anda aynı türden iki uyaran (iki işitsel ya da iki görsel uyaran) geldiğinde, onları takip etmekte zorlanır. İki kişi aynı anda konuşurken ya hiç bir şey anlayamazsınız, ya da sadece birini anlayabilirsiniz.

Soyut görevlerde de beyin aynı tepkiyi verir. Siz hesap yaparken, bir yandan da size biri bir şey soruyorsa; işleminizi bırakır öyle yanıt verirsiniz. İşleminize kaldığınız yerden devam edersiniz.

2. Odaklanmış Dikkat: Zihnin kendi dinginliğini bozacak iç ve dış uyaranları kendinden uzaklaştırarak, tek bir noktaya yoğunlaşabilmesi halinin devamına 'odaklanmış dikkat' diyoruz. Hani başbakan ya da ünlüler yolda giderken onlara ulaşmak isteyenleri engellemek için çalışan korumalar vardır ya; işte odaklanmış dikkat tam olarak budur. Yani beynin belli bir işlevi yapmasını engelleyecek iç ve dış uyaranları uzaklaştırmasıdır. Aynı zamanda beynin öğrenmesini maksimum hale getirmek için dikkati bozacak şeylerden uzaklaştırılması anlamına gelmektedir. Odaklanmış dikkat, seçici dikkatten sonra dikkatin belirli bir noktada sabit olarak kalmasını sağlayan dikkat çeşididir. Bu nedenle bir öğrenci, okulda bir sürü uyaranın içinde öğretmenin anlattıklarını seçici dikkatle seçse, ardından odaklanmış dikkat yardımıyla ona odaklanmaya devam etse (dikkatini sabit tutmaya çalışsa), hayallerini, düşlerini, içsel konuşmalarını, dışarıdaki uyaranları uzak tutsa, bu öğrenci mükemmel şekilde öğrenecektir. İşte sizin bazen istem dışı olarak yaptığınız şey budur ve bunu gerçekleştirdiğinizde mükemmel öğrenir ve başarılı olursunuz. Bazı öğrenciler nasıl Türkiye derecesi yaparlar? En iyi odaklanabilen onlar oldukları için... Kendinizin ya da bir başkasının başarısını ölçmek istiyorsanız, odaklanma yeteneğine bakın. Odaklanmayı başarabildiğiniz sürece her zaman başarılı olursunuz.

3. Sürekli Dikkat: Odaklanmış dikkatin sürdürülebilmesi haline 'sürekli dikkat' diyoruz. Birçok uyaran arasından seçici dikkatle seçtiğimiz, odaklanmış dikkatle de tam olarak odaklandığımız konuda, dikkatimizi sürdürebilmemiz hali, sürekli dikkat yeteneğimizle gerçekleşiyor. Hani bazı anlarda tam olarak odaklanmış bir şekilde ders çalışmaya başlarsınız. İşte tam o anda dışarıdan bir ses duyarsınız ve odaklanmanız bozulur. Böyle bir durumda hemen içinde bulunduğunuz durumdan çıkmanız ve tekrar seçici dikkat ve odaklanmış dikkati kullanmanız gerekir ki; bu da size zaman kaybettirir. Başarının en önemli şartlarından biri de odaklanma yeteneğini sürdürebilmektir.

Herkesin temel olarak bildiği şey insan beyninin gücüdür. Bunu bütün bilim çevreleri de kabul ediyor. İnsan tek bir noktaya odaklandığında ve bu odaklanmayı sürdürebildiğinde inanılmaz başarılar ortaya çıkıyor. Bilim adamlarını bir düşünün, icatlarını. Bıkmadan usanmadan aynı şeyi denediler, denediler ve inandıkları şeyi gerçekleştirdiler.

İşte bu nedenlerle öğrencilerimizin çok başarılı oldukları anlar; dikkatlerini toparlayabildikleri ve sürdürebildikleri anlardır. Bütün zihinsel enerji tek bir noktaya odaklandığı ve bu hal devam ettiği anda çok güçlü bir enerjiye kavuşmuş oluruz. Bu öyle bir yetenektir ki; bunu az bir öğrenci grubu ya da az bir insan grubu yapabiliyor. Bu nedenle çok başarılı insanların sayısı azdır. İnsanların başarılarının en büyük sırrı, seçici dikkatle seçme, odaklanma ve bunu sürdürebilmesi ile doğru orantılıdır. İşte bunu yapabilen insanlar başarılı olur. Bu da eğitimle gerçekleştirilecek bir başarıdır.

Dikkat toplama yöntemleri

Çalışmak için ilkönce gerekli kararları vermelisiniz:

- "Hangi ders daha önce çalışılacak, hangi yöntemlerle çalışılacak?" gibi sorulara cevap bulduktan sonra çalışmaya başlayın.
- Çalışma öncesi hem vücut, hem zihin olarak yeterince dinlenmiş olun.
- Çalışma amacınızı saptayın. Amaçsız çalışma olmaz. Çalışırken bir amacınız varsa, derslerinizi daha iyi benimseyip dikkatinizi daha kolay yoğunlaştırabilirsiniz.
- Çalışacağız konuya merak duyun. Bir şey ancak merak edildiği oranda öğrenilir.
- Çalışma ortamınızı düzenleyin. Sessiz bir odada masanızın başında, müzik dinlemeden çalışarak dikkatinizi toplayabilirsiniz.

- Planlı ve sistemli çalışın.
- Çalışmada bir hedef saptayın. Eğer gerçekçi hedefler belirler ve gerçekleştirirsek başarma duygusunu tadıp, bu küçük başarılar da dikkati toplamaya yardımcı olacaktır.
- Kendinize güvenin. Kendinize güvenmeniz, o işi başaracağınıza inanmanızdan geçer. Kendine güven duygusu aynı zamanda güçlü bir iradeyi ve kararlılığı gerektirir. Bu kararlılık, canınız çalışmak istemese de kendinize çalışmaya zorlamaktır.

Çalışmada dikkat dağıtan etkenler

- Önemsiz soruların zihni meşgul etmesi.
- Duygusal sorunların olması.
- Çalışırken gereksiz yarıntılara takılma.
- Ortamın çok gürültülü olması.
- Kendine güven eksikliği.
- Bilgilerin karışık ve sistemsiz öğrenilmeye çalışılması.

Dikkat ve konsantrasyonu geliştiren teknikler

1. Tek Noktaya bakma:

Ders çalışmaya başlamadan önce, tek noktaya yoğunlaşarak "dikkati odaklama" çalışması yapalım. Oturma pozisyonumuzu aldıktan sonra, sağ elimize kalemimizi alıp kolumuzu uzatalım. Kalemimizin ucuna 30 saniye süreyle bakalım. Gözlerimiz tam olarak o tek noktaya kilitlenmiş olsun. Bu uygulamayı ders çalışmaya başlarken yaptığımız gibi, ara ara yorulduğumuz veya dikkatimizin dağıldığı zamanlarda da (30 saniye süresini artırarak da) tekrarlayabilirsiniz.

2. Okuma hızını geliştirme:

Bir araştırma, insan beyninin 1 dakikada 700-1000 kelimeyi işleme kapasitesine sahip olduğunu ortaya koymuştur. Otomobil kullanan bir sürücü, hızı düşükken mi yoksa yüksekken mi bütün dikkatini yola ve araca verebilir? Tabii ki, otomobilin hızının artmasıyla doğru orantılı olarak sürücünün dikkat ve konsantrasyonu artar. Siz de okuma hızınızı 700-1000 kelimeye yaklaştırırsanız, hızınız arttığı için, onunla birlikte dikkat ve konsantrasyonumuz da artacaktır.

3. Kelime arama çalışması:

Herhangi bir okuma parçasında, belirli bir süre içinde (örneğin 3 dakika) önceden belirlediğiniz metinde çok geçen bir kelimeyi bulup sayın. Verilen süre içerisinde kaç kelime bulduğunuzu belirleyin. Başarı oranınızı bir deftere yazın. Yaşınıza uygun yap-boz, satranç tarzı beyni çalıştıran oyunlarla ilgilenin. Gazetelerin hafta sonu eklerinde verilen 'farklılıkların bulunması', 'kelime avcılığı', 'sayı avcılığı', 'çapraz bulmacalar', 'mantık bilmeceleri', 'atasözü bulma', 'sayı ve sözcük eşleştirme', 'gizlenmiş nesneleri bulma', 'labirent' ve 'aynı şekli bulma' gibi etkinlikler de odaklanma yeteneğinizi artıracaktır.

Dikkat ve konsantrasyon yeteneği için söylenebilecek son söz, dikkat ve konsantrasyonun bir 'önemlilik algısı' olduğudur. Eğer bir konuya, bir işe yeteri kadar önem veriliyorsa, mutlaka ona konsantre olunur.

B- DİKKAT GELİŞTİRİCİ SORULAR

1. KÖPRÜYÜ GEÇENE KADAR

Dört kişilik bir aile (baba, anne, kız ve erkek çocuk) gecenin bir saatinde bir köprüye geldi. Zifiri karanlıkta köprüyü geçmeleri gerek. Bir el fenerleri var ve köprüyü geçerken onu yanlarına almak zorundalar. Çok dar ve sarsıntılı olduğundan köprüden bir defada en fazla iki kişi geçebiliyor.

Erkek çocuk köprüden yalnız başına 1 dakikada, kız çocuk 3 dakikada, anne 7 dakikada ve baba 10 dakikada geçebiliyor. İki kişi birlikte geçerken geçiş zamanı daha uzun sürede geçenin zamanı kadar oluyor. Örneğin baba-oğul birlikte 10 dakikada geçebiliyor. Köprüyü geçenlerin elinde fener de bulunmak zorundadır. Uzaktan aydınlatma olmayacaktır.

Bu şartlarda köprüyü en az kaç dakikada geçebilirler.

2. AYÇA

Öğretmen sordu:

"19 kere 19 kaç eder?"

"361" dedi Ayça.

"Yanlış," dedi Öğretmen. "519 olacaktı."

Ayça'nın kafası karıştı. İşleri daha da zorlaştırmak için her rakamın farklı bir rakam yerine kullanıldığını ona söylememişlerdi.

19 aslında kaçtı?

3. KÜP KÜP ALTIN

3 arkadaş bir küp altın buldu. Altınları aralarında eşit olarak paylaşmaya karar verdiler. Ancak gece vakti olduğundan bu işi sabaha bırakmayı uygun buldular ve yattılar.

Gecenin bir saatinde biri uyandı ve hakkını almaya karar verdi. Küpteki altınları yere döküp 3 eşit gruba ayırdı, bir tane fazla geldi. Bir grubu ve fazlalığı kesesine koydu ve diğer grupları tekrar küpe doldurarak yattı.

Bir süre sonra ikinci uyandı ve o da hakkını almaya karar verdi. Öncekinin yaptığından habersiz, o da küpteki altınları yere döküp 3 eşit gruba ayırdı, ona da bir fazla geldi. Bir grubu ve fazlalığı kesesine koydu ve diğer grupları tekrar küpe doldurup yattı.

Sabaha karşı sonuncu uyanıp o da hakkını almaya karar verdi. Diğerlerinin yaptığından habersiz, o da altınları yere döküp 3 eşit gruba ayırdı, ona da bir fazla geldi. O da bir grubu ve fazlalığı kesesine koydu ve kalanı tekrar küpe doldurup yattı.

Sabah olup ta hepsi uyanınca geceleyin yaptıklarından hiç söz etmeyip altınları yere döktüler ve 3 eşit gruba ayırdılar. Şanslarına bu defa hiç artmadı. Herkes bir grubu alıp kesesindekilere ekledi ve ayrıldılar.

Başlangıçta küpte en az kaç altın vardı?

4. BARDAKLAR

7 su bardağını ağızları alta gelecek şekilde yan yana koyun. Bu bardakları ağızları yukarıda olacak hale getireceksiniz.

Şartımız şu: Bir defada 3 bardağı birden ters çevireceksiniz. Bu 3 bardak yan yana olmak zorunda değildir.

Birinci çevirmede ağzı yukarı gelen bardağın ağzı, ikinci çevirmede aşağı gelecektir. 3 bardağı çevirmeye bir hamle dersek, en az kaç hamlede bardakların hepsini ağızları yukarı olacak hale getirebilirsiniz?

Bardakları 1'den 7'ye kadar numaralayın ve 1 tarafından başlayın.

5. ÇOCUKLARIN YAŞLARI

Sayım memuru sordu:

"Kaç çocuğunuz var?"

"3."

"Yaşları?"

"Yaşlarının çarpımı 36, toplamı karşı kapının numarası."

Memur karşı kapıya baktı:

"Ama bu bilgi yetersiz!" dedi.

Adam; "En büyük kızım kızıl saçlıdır." Deyince, sayım memuru:

"Şimdi oldu." dedi.

Çocukların yaşları neydi?

6. İNEK

Hüseyin Amca'nın bir ineği var ve ona Sarıkız diyor. Onunla çok övünür ve hep şöyle der:

"Benim Sarıkız'ım pek çok insandan daha akıllıdır." Bunu ispat etmek için de söyle bir hikâye anlatır:

"Geçenlerde tren yolu köprüsünün ortasından 20 metre uzakta durmuş, nehrin sakin akan sularına bakıyordu. Aniden köprünün kendisine yakın olan ucundan, köprü boyunun 2 katı uzaktan bir trenin saniyede 90 metre hızla gelmekte olduğunu fark etti. Gereksiz hesaplamalarla bir saniye bile kaybetmeden yaklaşan trene doğru koşmaya başladı ve kendisini 4 metre farkla kurtardı. Eğer insanların içgüdüsel olarak yapacağı gibi tutup da aynı hızla trenden kaçmaya çalışsaydı köprünün diğer ucuna 1 metre kala tren onu yakalamış olacaktı."

Köprünün boyu ve ineğin hızı nedir?

7. TREN

Bir trenin 4 vagonunda toplam 100 kişi vardır. Eğer 1. vagondan 2. vagona 16 yolcu geçerse, 2. vagondan 3. vagona 12 yolcu geçerse ve 3. vagondan 4. vagona 8 yolcu geçerse vagonlardaki yolcuların sayıları eşit oluyor. Başlangıçta her bir vagonda kaç yolcu vardı?

8. BEŞİNCİ KIZ

Aylin'in babasının beş (5) kızı var.

Adları sırayla:

1 - CACE

2 - CECA

3 - CİCA

4 - COCİ

Beşincinin adı nedir?

9. RENKLİ KARTLAR

4 değişik renkteki 10 adet karta aşağıdaki sayılar yazılıyor:

1, 2, 4, 5, 6, 12, 15, 22, 24, 38

a. Mavi ve beyaz renkli birer adet kart vardır.

b. Kırmızı kartlı sayıların en büyüğü sarı kartlı sayıların en küçüğünden küçüktür.

c. Kırmızı kartlardaki sayıların toplamı, mavi kartlardaki sayıların toplamının 2 katıdır.

d. Sarı kartlardaki sayıların toplamı, kırmızı kartlardaki sayıların toplamının 2 katıdır.

Her sayının bulunduğu kartın rengini bulunuz.

10. POSTACI

X kasabasının postanesi, kentteki havaalanına inecek olan uçaktan postayı alıp getirmesi için motosikletli bir görevliyi hava alanına göndermişti. Oysa uçak vaktinden önce inmiş, alandaki atlı bir görevli de postayı alarak kasabaya doğru yola çıkmıştı.

Yarım saat sonra atlı ile motosikletli posta görevlileri yolda karşılaşmışlardı. Motosikletli atlıdan postayı devralmıştı.

Böylece motosikletli postacı, kasaba postanesine beklenilen zamandan 20 dakika önce varmış oldu.

Buna göre uçak acaba kaç dakika önce inmiştir?

11. ÇEMBER ÇOCUKLARI

Bir çemberin üstünde sıralanan çocuklardan beşincisi ile on dokuzuncusu, tam karşı karşıya denk gelmiştir. Bu çemberde toplam kaç çocuk sıralanmıştır.

12. TRAFİK

Erkan, randevusuna geç kalan sevgilisine; "Neden geç kaldın?" diye sordu. Seval; "Trafik yüzünden." dedi. "Aslında tam on dakika erken gelebilmek için sabit bir hızla arabayı sürüyordum. Ama trafik yüzünden son 10 km'yi önceki hızımın yarısı hızda gelebildim."

Seval'in hızını bulun.

13. YANLIŞ ETİKETLER

Görüntüleri aynı olan 6 bilardo topunun ağırlıkları 1, 2, 3, 4, 5 ve 6 kg'dır. Her topa, ağırlığını gösteren (1, 2, 3 , 4, 5 ve 6 yazılı) etiketler yapıştırılmıştır.

Etiketlerin doğru yapıştırıldığından tam olarak emin değilsiniz.

İki kefeli bir denge terazisi kullanarak ve sadece topları birbirleriyle tartarak bir hata olup olmadığını iki tartıyla nasıl buluruz?

14. KRALIN DOĞUM GÜNÜ

Aslan Kral, 100 tavşan yakalatıp her birini ayrı ayrı 100 kafese hapsettirdi. Bütün kafesleri bir tek anahtar açıyordu. Kilitler bu anahtarla; birinci çevirmede açılıyor, ikincisinde kapanıyor, üçüncüsünde açılıyor, dördüncüsünde kapanıyordu.

O gün Aslan Kral'ın doğum günüydü. Tavşanlara bir şans tanımak istedi. Emrindeki 100 tilkiyi şöyle görevlendirdi:

Birinci tilki, 1'den 100'e kadar bütün kafeslerin anahtarlarını bir kez çevirecek.

İkinci tilki 2,4,6, ... numaralı kafeslerin anahtarlarını bir kez çevirecek.

Üçüncü tilki 3,6,9, ... numaralı kafeslerin anahtarlarını bir kez çevirecek.

....

Otuzuncu tilki 30,60,90, numaralı kafeslerin anahtarlarını bir kez çevirecek.

Böylece yüzüncü tilkiye kadar hepsi işlemini tamamladıktan sonra, tavşanlar kapısını yoklayacak. Kapısı açık kalanlar özgürlüğüne kavuşacak, diğerleri Aslan Kral'ın yemeği olacaktı. Buna göre kaç tavşan kafesten kurtulur?

15. SINAVDA

Öğretmen, öğrencisi Furkan'ı sınav yapmak için 25 soruluk bir test verir ve şöyle der:

"Doğru çözdüğün her soru için 4 puan vereceğim, yanlış çözdüğün her soru için 1 puan alacağım."

Test çözümünün sonunda Furkan 50 puan aldığına göre, soruların kaç tanesini doğru yapmıştır?

16. ELMA

Bir sepetin içinde 5 elmanız var. 5 küçük kız geliyor. Elmaları kızlara öyle dağıtın ki, sepette yine bir elma kalsın.

17. KÜÇÜK KUŞLAR, BÜYÜK KUŞLAR

Bir pet dükkânında küçük ve büyük kuşlar satılıyor. Büyük kuşların fiyatı, küçük kuşlarınkinin iki katıdır. Bir müşteri 4 büyük, 5 küçük kuş satın aldı. Bunun yerine 5 büyük 4 küçük kuş almış olsaydı 5 TL daha fazla ödeyecekti.

Kuşların tanesi kaç liradır?

18. SIRADAKİ

B, İ, Ü, D, B, A, Y, ?

Bu seride sıradaki harf nedir?

19. KARIŞIK ŞEHİRLER

Aşağıda karışık harflerle verilmiş olan şehirlerimizi bulalım.

a) HTAKÜAY

b) ZAGTOY

c) İMSNAA

d) İHRAKAK

e) DREİEN

f) RSGNİUE

g) CLEKİAO

20. KÖPEK

Bir adam göl kıyısında durmaktadır. Köpeği de gölün diğer tarafında beklemektedir. Islık çalması ile köpek ıslanmadan ve herhangi bir köprü ya da bot kullanmadan sahibinin yanına gelir. Köpek bunu nasıl başarmıştır?

21. HANGİ SAAT?

Güneş saatlerinin parçaları hiç oynamaz. Peki, en çok hareketli parçaya sahip saat hangisidir?

22. ÖZELLİĞİ NE?

8,549,176,320

Yukarıdaki sayıyı eşsiz yapan nedir?

23. NASIL ÇIKARTIRSINIZ?

Boş bir şişenin içine bir bozuk para koyup, mantarla kapatın. Mantarı çıkarmadan parayı nasıl çıkartırsınız?

24. GENÇLEŞEN ÇOCUK

1990 yılında 15 yaşında olan bir çocuk, 1995 yılına geldiğinde 10 yaşındadır. Bu nasıl mümkün olmuştur?

25. İFLAS

Bir adam, otele arabasıyla gider. Otele ulaşır ulaşmaz iflas ettiğini öğrenir. Adam neden iflas etmiştir?

CEVAPLAR

1. KÖPRÜYÜ GEÇENE KADAR

Minimum zaman, en çok zaman harcayan anne ve babanın birlikte geçmesiyle elde edilir.

1. Önce kız ve erkek çocuk geçer (3 dk).
2. Biri geri döner (hangisinin döndüğü önemli değil, çünkü diğeri de dönecek). Erkek dönmüş olsun (1 dk).
3. Anne ve baba geçer (10 dk).
4. Kız geri döner (3 dk).
5. Kız ve erkek birlikte geçer (3 dk).

Böylece toplam zaman, 3 + 1 + 10 + 3 + 3 = 20 dk.

2. AYÇA

25

3. KÜP KÜP ALTIN

Başlangıçta en az 25 altın olmalı.

1. kişi kalktığında bu altınlardan 9'unu alıp kalan 16 altını küpe koyar.

2. kişi kalktığında bu altınlardan 6'sını alıp kalan 10 altını yine küpe koyar.

3. kişi kalktığında da 4 altını alır ve kalan 6 altını küpe koyar. Sabah hepsi kalktığında 2 şer altını daha kendi keselerine koyarlar. Böylece adilce bir paylaşım yaparlar.

4. BARDAKLAR

3 hamlede:

1, 2, 3

3, 4, 5

3, 6, 7

5. ÇOCUKLARIN YAŞLARI

36'nın 3'lü çarpanlarının ve bunların toplamlarının listesi:

1 + 1 + 36 = 38

1 + 2 + 18 = 21

1 + 3 + 12 = 16

1 + 4 + 9 = 14

1 + 6 + 6 = 13 *

2 + 2 + 9 = 13 *

2 + 3 + 6 = 11

3 + 3 + 4 = 10

Memur, dışarıdaki numaraya bakıp da "bu bilgi yetersiz" dediğine göre, aynı toplamı veren çarpan grubu tek değildir. Çünkü örneğin, dışarıdaki numara 38 olsaydı, memur, çocukların yaşlarının kesinlikle 1, 1, 36 olduğunu anlardı.

Demek ki dışarıdaki numara 13'tü ve memur verilen bilgiyi yetersiz buldu. Son bilgi bir "en büyük" çocuk olduğunu bildiriyor.

Çocukların yaşları 2, 2, 9 olmalı.

6. İNEK

Köprünün boyu 192 metre, ineğin hızı saniyede 18 metre.

7. TREN

41, 21, 21, 17

8. BEŞİNCİ KIZ

AYLİN

9. RENKLİ KARTLAR

Kırmızı: 1-2-4-5-6-12

Sarı: 22-38

Mavi:15

Beyaz:24

10. POSTACI

Motosikletli postacının, atlı görevliyle karşılaştığı yerden havaalanına giderek postayı alması ve yine o noktaya dönmesi için gereken zaman 20 dakikadır.

O halde, atlıyla karşılaştığı nokta, havaalanından 10 dakika uzaklıktadır.

Bu 10 dakikayla, motosikletlinin daha önce gittiği 30 dakikayı toplarsak, uçağın havaalanına 40 dakika erken indiğini buluruz.

11. ÇEMBER ÇOCUKLARI

28

Beşinci çocuk 19. çocuğun tam karşısında olduğuna göre,

19 - 5 = 14 çocuk yarım daire üzerinde sıralanırlar.

Tüm dairede ise 14 x 2 = 28 çocuk sıralanır.

12. TRAFİK

Seval, sabit hızla gitse Erkan'ı 10 km geçtiğinde 15 dakika geçmiş olurdu.

10 km/15 dk. = Saatte 40 km

13. YANLIŞ ETİKETLER

2 tartı yeterlidir. İlk tartıda 1-2-3 yazan toplar, 6 yazanla tartılır. Eğer eşit çıkmazsa etiketlerin doğru olmadığı anlaşılır. Eşit çıkarlarsa kuşkumuz ya 1-2-3'ün kendi aralarında ya da hiç tartmadığımız 4-5'in kendi aralarında hatalı olduklarıdır. 12 değişik şekilde gerçekleşebilecek bu

dağılımlar (1-2-3 için 6 dağılım, 4-5 için 2 dağılım olmak üzere toplam 12) incelenirse, ikinci tartıda 1-6 yazan toplar ile 3-5 yazanların tartılmasının yeterli olduğu anlaşılır. Bu tartı sonucunda 1-6 yazanlar, 3-5 yazanlardan hafif çıkarsa, bütün etiketlerin doğru olduğu kesin olarak anlaşılır. Eşit ya da ağır çıkması durumunda ise etiketlerde hata olduğu anlaşılır.

14. KRALIN DOĞUM GÜNÜ

10 tavşan.

1, 4, 9, 16, 25, 36, 49, 64, 81, 100 no'lu kafesler...

15. SINAVDA

Furkan'ın doğru bildiği soru sayısına x dersek;

4x - (25 - x) = 60 şeklinde bir denklem kurar ve denklemi çözersek; doğru bildiği soruların sayısını 17, yanlış bildiği soruların sayısını 8 olarak buluruz.

16. ELMA

Kızlardan birine elmayı sepetin içinde veririz.

17. KÜÇÜK KUŞLAR, BÜYÜK KUŞLAR

4 büyük kuş = 8 küçük kuş eder. Müşteri 13 küçük kuş almış gibidir.

5 büyük kuş = 10 küçük kuştur. Demek ki müşteri 14 küçük kuş aldığında 5 TL daha fazla ödeyecek. Öyleyse bir küçük kuş 5 TL, bir büyük kuş 10 TL'dir.

18. SIRADAKİ

Bir, İki, Üç, Dört, Beş, Altı, Yedi... Bunlar, sayıların ilk harfleridir. Gelecek harf sekizin S'si olur.

19. KARIŞIK ŞEHİRLER

KÜTAHYA, YOZGAT, MANİSA, HAKKARİ, EDİRNE, GİRESUN, KOCAELİ

20. KÖPEK

Göl donmuştur.

21. HANGİ SAAT?

Kum saati

22. ÖZELLİĞİ NE?

Sıfırdan dokuza tüm rakamlar vardır.

23. NASIL ÇIKARTIRSINIZ?

Mantarı içine itin ve şişeyi sallayın.

24. GENÇLEŞEN ÇOCUK

Çocuk, M.Ö. 2005 yılında doğmuştur.

25. İFLAS

Bu adam "monopoly" oynamaktadır.

BÖLÜM 3

A- DÜŞÜNCE GÜCÜNÜ GELİŞTİRME

Birçok insan, düşünme işini sürekli olarak yaptığını zannetse de, doğru düşünmeyi bilen kişilerin sayısı o kadar da fazla değil. Evet, bilincimizden pek çok fikir gelip geçiyor, yer değiştiriyor; ancak buna "düşünme" değil "kendi kendimizle konuşma" denir. Düşünme, fikir ve inançların otomatik bir biçimde beynimizde yer değiştirmesi değildir. Bu otomatik süreç, sadece bilgilerin dısa vurulmasını sağlar, bizi ilerletmez, geri götürür.

Düşünmek derken fikirlerin bilinçli formülasyonundan bahsetmek gerekiyor. Düşünmek, düşüncelerin belli bir amaç doğrultusunda işlenmesi, işlevselleştirilmesidir. Aldous Huxley, (1894-1963) der ki: "Bir kişinin yaşamının büyük bölümü, onu düşünmeden alıkoyan çabalardan ibarettir." George Bernard Shaw'un (1856-1950) yorumu, düşünmekten hoşlanmayışımızı nükteli bir şekilde aktarır: "Yılda 2-3 kereden fazla düşünen insan çok azdır. Ben, haftada bir ya da iki kez düşündüğüm için kendime büyük bir saygı duyuyorum." Oyuncu ve senarist Paul Fix (1901-

1983) de mizahi bir vurguyla şöyle der: "Pek çok insanın düşünceleri içinde kaybolmasının nedeni, düşüncenin pek sık uğranmayan bir yer olmasındandır."

Herhangi bir davranışta bulunmadan önce düşündüğümüzde ya da davranışlarımızın sonuçlarını öngörmeye çalıştığımızda olası pek çok önemli sorunun önüne geçmiş oluruz. Thomas Secker (1693-1768) bu hususta diyor ki: "Bazı insanlar önce yapar, sonra düşünür ve bu nedenle sonsuza dek pişmanlık duyarlar." Ancak biz böyle olmak zorunda değiliz. Eyleme geçmeden önce düşünme gücüne sahibiz. Bu bizi hatalardan korur, davranışa geçtikten sonra düşünmek ise sadece hatalarımızdan ders almamıza yardım eder.

Düşünmenin Formları

Düşünmenin en önemli formlarından biri, yansıtma ya da tasarlamadır. Belirli bir durumun nedenlerini ve sonuçlarını, faydalarını ve sorumluluklarını tartmak demektir. Ancak abartıya kaçmadan... Zaman zaman herhangi bir davranışta bulunmak, hiçbir davranışta bulunmamaktan daha iyidir. Sonuçta bir hata yaparsak, ondan bir şeyler öğrenir ve devam ederiz. Ancak hiçbir şey yapmamak, zamanın sularında buz tutmak gibi bir şeydir.

Düşüncelerimiz, gücün kaynağıdır. Bizi asilleştirebilirler de, küçültebilirler de... Mutlu olmamızı da sağlayabilirler, bir zavallı olmamızı da... Bizi özgürleştirebilirler de, köleleştirebilirler de...

Yapıcı Düşünce

Yapıcı düşünce, fırsatlara ve kişisel gelişime ulaştıran bir beceridir. Kararları, davranışları ve bunların sonuçları hakkında durup düşünmek için vakit ayıranlar için hayat heyecan verici serüvenler hazırlar. Kalem ve kâğıt kullanarak düşüncenin gücünü hesap edebiliriz. Düşüncelerimizi yazmak, onlara odaklanmamıza, fikirlerimizi ve onların yöneldiği yeri kontrol etmemize yardımcı olur. Zihnimizdekileri netleştirmemizi, geliştirmemizi, sadeleştirmemizi sağlar. Ayrıca, gelecekte bize referans olabilecek kayıtlara sahip olmamızı mümkün kılar.

Düşünce gücünü ortaya çıkarmanın bir diğer yolu, sorular sormaktır. Ancak doğru sorular… "Bu problemi nasıl çözebilirim?" diye sormalısınız mesela, "Bu neden benim başıma geldi?" şeklinde değil… "Seçeneklerim neler?" diye sormalısınız, "Suçlu kim?" diye değil. Gazeteci Walter Duranty şöyle der: "İnsanların en büyük problemi zihinleriyle değil, korkuları ve ümitleriyle düşünmeleridir."

Düşünce gücünün mucizesi şurada: Küçük bir pozitif düşünce, büyük bir negatif düşünce ordusunu mağlup edebilir. Bazen güzel bir kelime, bir insanın hayatını olumlu yönde değiştirmeye yetebilir.

Düşünce gücüyle hayal gücünü birleştirdiğimizde harika bir potansiyel ortaya çıkar. Bu iki kuvvet birlikte yol aldığında yaşam vizyonumuzu ve izini süreceğimiz hayallerimizi yaratırız. Hayallerimizi izlediğimizde yaşam serüvenimizin kapılarını aralarız.

Akıl-Zekâ Farklılığı

Hayata, varlığa ve cemiyete uyum mahareti akıldadır. Akıl bu anlamda mesela zekâdan daha az önemli değildir. Zekânın doğuştan var olması, onun artırılması veya eksiltilmesini engellediği için zeki olmak bir imtiyaz anlamına gelebilmekte ve bundan dolayı önem arz etmektedir. Fakat aklın geliştirilmesi mümkün olduğuna göre, zekânın açıklarını (eksikliklerini) giderme imkânı bulunduğu için çoğu zaman zekâdan daha fazla önemlidir. Özellikle zekânın verimlerinin de akıl tarafından değerlendirildiği göz önüne alınırsa, "akılsız zekâ"nın bir anlamı olmayacaktır. Bu noktada akıl zekâdan daha önemlidir hiç şüphesiz.

Zekânın çıplak haliyle yapıcı olduğunu söylemek kabil değildir. Aklın ürettiği veya muhafaza ettiği formlar olmasa zekâyı zapt etmek kabil olmaz. Gerçi aklın ürettiği ve kullandığı formlar da her zaman zekâyı zapt altında alamaz ama faaliyetlerini yönlendirici bir etkisi olduğu ve zekânın üretimlerini verimlendirme imkânı olduğu doğrudur.

Eğitimde zekânın imkânlarını ortaya çıkarmak ve bundan faydalanmak kabilken, buna karşılık aklın üretilebilmesi söz konusudur. Bu anlamda, akıl insanda belirleyici ve şekillendirici bir fonksiyona sahiptir. Dolayısıyla eğitimin zekâ üzerinde fazla bir çerçeveleyici ve zapt edici etkisi ve özelliği olmamasına rağmen, aklın belirleyici etkisini unutmamak gerekir.

Eğitim-öğretimin zekâyı yönlendirici olması fakat aklı oluşturması (inşa etmesi) gerekir. Bunun için aklın ne olduğunun tespit edilmesi ile beraber akıl testinin geliştirilmesi ve periyodik olarak uygulanması şarttır. Eğitim-öğretimde imtihanların bilgiyi ölçmek için değil, aklın gelişimini ölçmek için yapılması gerekir. Aklın gelişiminin ölçülmesi ise akıl testi ile mümkündür.

İş hayatının yüzde doksanında zeki insan değil, akıllı insan gereklidir. Zekânın zapt edilemez olan mahiyeti intibak fonksiyonunun gerektiği noktalarda yıkıcı neticeler doğurabilir. İş hayatında intibak maharetinin gerektiği noktalar çoğunluktadır; yönetici ve planlayıcı kadroların dışındaki tüm kadroların projeleri yürütmekte ihtiyacı olan akıldır.

Aklın intibak maharetini, teslim olmak şeklinde anlamak doğru değildir. İntibak mahareti, emirlerin en uygun şekilde yerine getirilmesini ihtiva ettiği gibi ekip çalışmasını da mümkün hale getirir. Zekâ, kendi kendine yeterli olduğu kanaatine sahiptir ve sahibine eleştirme ve isyan etme gücünü verir. Zeki insanların planlama ve yönetim kadrolarında bulunmasında azami fayda varken, alt kadroların akıllı olması (geri zekâlı olmaması şartıyla) kâfidir.

Bir noktayı açıklamak gerekiyor. Bir işletmenin her kadrosunun zeki olmasında fayda var. Fakat aklı zekâsından daha güçlü insanların intibak fonksiyonu daha fazladır ve ekip çalışmasına daha yatkındırlar. Bu noktanın dikkate alınması gerekir.

Akıl mı faydalı zekâ mı?

Akıllı insan ile zeki insanın birbirine alternatif olduğu biçimindeki anlayış yanlıştır. Burada akıllı insan ile zeki insan arasında yaptığımız mukayese aslında akıl ile zekâ arasındaki mukayesedir. Yoksa zeki insanın zekâsına paralel derecede ve gelişmişlikte bir akıl sahibi olması gerekir. Fakat zeki bir insan zekâsı ile ilişkili bir akıl sahibi değilse, o zeki insan hiçbir değere sahip değildir. Zekâ seviyesine uygun bir akıl bünyesine sahip olan kişi ise ne sadece zeki insandır, ne de sadece akıllı insan, o hem zeki ve hem de akıllı insandır ki, sağlıklı bir psikolojik dünya ancak böyle kurulur.

Psikolojik problemlerin birçoğunun temelinde, karşılaşılan olayları açıklamakta ve tavır geliştirmekte aklın bünyesinin yeterince gelişmemiş ve güçlenmemiş olması vardır. Yaşanacak olayları insanın seçme imkânı olmadığı ve istemediği şeyleri yaşamak zorunda kaldığı hatırlanacak olursa, aklın yeterince geniş ve derin bir hacme sahip olması gereği anlaşılır. Aklın hacminin büyüklüğü, şok dalgalarının emilmesini ve etkinin zayıflamasını mümkün hale getirir.

Düşünce Gücünü Geliştirmenin Bazı Püf Noktaları

Bir bilgiyi hatırlama oranınız, vereceğiniz dikkat kadar olacaktır. Dikkatini vermeyen bir hafızanın bir şeyin etkin bir şekilde hatırlayabilmesi mümkün değildir. Dikkatinizi ilgilendiğiniz konuya odaklamalısınız.

Bilgi dağarcığınızı yatay ve dikey boyutlarda derinleştirmeli ve genişletmelisiniz. Öğreneceğiniz konuya dair önceden bilgi edinmeli, çeşitli kaynaklardan ve çevrenizdeki insanlardan bilgi toplamalısınız. Böylece yeni bilgiye zihninizi hazırlarsınız.

İnsanlar gördüklerini, duyduklarına ve okuduklarına oranla daha iyi hatırlamaktadır. O zaman bilgiyi hatırlamak için görsel olarak düşünmeli ve ifade etmeliyiz.

Gerçek görme ile hayali alarak görsel canlandırma arasında beyin üzerinde yaptığı etki açısından bir fark yoktur. En kaliteli öğrenme, yaşayarak öğrenme modelidir; ancak her zaman her şeyi pratik etme imkânımız yoktur, bunun için zihinsel sinemamızda bilgilerin imgesel görüntüsünü hayali olarak canlandırdığımızda, beynimiz bundan gerçekmiş gibi etkilenebilmektedir. O zaman zihnimizin bu yeteneğini kullanarak bilgileri yaşarak öğrenmiş gibi beynimizde etki bırakabiliriz.

Sıra dışı, mantıksız, komik, olağanüstü şeyler ve duyguları uyaran içerikteki bilgiler hafızamızda kalıcı olarak hatırlanmaktadır. Bu nedenden dolayı bilgilerin içeriğini hafızamızın çalışma biçimi ile uyumlu hale getirmeliyiz. Bunun için de bilgiler arasında mantıklı ilişkileri yakalarken, mantıklı bir ilişki bulamadığımız noktalarda da mantık dışı ilişkiler kurmalıyız.

Hafızada çağrışım ve bağlantılar yoluyla ilişkilendirilen bilgiler kolay hatırlanmaktadır. Beyninizdeki konuya ait bilgi trafiği ne kadar yoğun olursa, bilgileri hatırlayacağınız o kadar çağrışım yolu oluşmaktadır. Bir bilgiye farklı yollardan giderek hatırlayabilirsiniz. Hatırlamak istediğiniz bir bilgiyi bilincinize çıkartamadığınızda, o bilgiye yönelik çağrışım ve bağlantı zenginliğiniz yoğun ise bilgiyi hatırlamak için bir yol kapansa bile diğer yollardan hatırlamak istediğiniz bilgilere ulaşabilirsiniz. Herhangi bir yerde hatırlamanız gereken bir bilgi için kendinize şöyle bir soru yöneltebilirsiniz: "Bu bilgiyi nerede, hangi bağlantı yolunu kullanarak hatırlayacağım?"

Bellekte resimlendirilen ve görsel olarak canlandırılan şekil ve resimler beynin sağ lobunu da uyardığından daha iyi hatırlanır.

Daha önce öğrendiğimiz, bilinmiş bir şeyle ilişki kurulmuş yeni şeyler ya da nöronlar arası ağların kurulmasını sağlayan olaylar hafızada daha kolay tutulabilmekte ve hatırlanabilmektedir.

Anlamak, hatırlamaya eşit değildir. Anlamak, hatırlamak için gerek şart ama yeter şart değildir. Hatırlamak için bilginin hafızada farklı proseslerde işlenmesi gerekmektedir. Bu prosesleri zihinsel canlandırma, ilişki kurma, bilginin bilinçli yinelenmesi, bilginin görsel olarak ifade edilmesi şeklinde sıralayabiliriz.

B- DÜŞÜNCE BECERİLERİNİ GELİŞTİRİCİ SORULAR

1. SATRANÇ TURNUVASI

A, B, C, D, E adlı oyuncular tek turlu bir satranç turnuvası yaptılar. (Her biri diğeriyle sadece 1 kez oynadı)

Turnuva sonunda aldıkları puanlara göre birinciden başlayarak (A-B-C-D-E) şeklinde sıralandılar.

Beraberliklere yarım puan, galibiyete 1 puan verilen bu turnuvanın ardından B ve E şöyle dedi:

B: "Turnuvayı hiç mağlûp olmadan bitiren tek oyuncu benim."

E: "Turnuvayı hiç galibiyet alamadan bitiren tek oyuncu benim."

Bu verilerle skor tablosunu oluşturabilir misiniz?

2. DOMİNO TAŞI

İki tarafı da eşit rakamlı 6 adet domino taşımız var:

1-1, 2-2, 3-3, 4-4, 5-5, 6-6

Bu taşları 4x4'lük bir karenin kenarlarına yerleştirin ve her kenardaki rakamların toplamı eşit olsun.

3. BEŞ TOP

Elinizde ağırlıkları farklı 5 top var.

Bir denge terazisinde sadece topları birbirleriyle kıyaslayarak (yani hiçbir ağırlık kullanmadan) büyükten küçüğe doğru sıralamanız isteniyor.

Bu işlemi doğru olarak gerçekleştirmeyi garantilemeniz için en az kaç tartı yapmanız gereklidir?

4. BAKKAL

Bir bakkal, elindeki 20 kg şekeri 2'şer kiloluk 10 pakete ayırmak istiyor.

Bakkalın iki kefeli terazisinde kullanacağı 5 ve 9 kiloluk ağırlıkları vardır.

Bu işi en kısa bir biçimde nasıl yapabilir?

(Çözüm için en az 9 tartı gerekiyor.)

5. SAYFA

100 sayfalık bir kitabımız var.

İlk 30 sayfa içinde rastgele bir yer açıp soldaki sayfanın numarasını yazıyoruz.

Sonra 31-50 sayfalar arasında bir yer açıp sağdaki sayfanın numarasını not ediyoruz.

Bu iki sayının toplamının, üçüncü olarak açtığımız (51-100 arası) soldaki sayfanın numarasına eşit olma ihtimali nedir?

6. KELİME-HECE-HARF SAYILARI

Boşlukları cümleyi doğrulayacak şekilde harflerle doldurun. (Örneğin: elli iki)

Bu cümlede _______ kelime, _______ hece ve _______ harf bulunmaktadır.

7. 11 TOP

Elinizde 11 tane top ve iki kefeli bir terazi var.

11 toptan 1 tanesi diğerlerinden farklı.

Terazi ile 3 tartım yaparak hangisinin farklı olduğunu, ağır veya hafif olduğu bilgisiyle beraber vermeniz isteniyor.

8. DUVAR SAATİ

Komşunuzun duvar saati; saat başlarında saat sayısı kadar, çeyrek saatlerde (15, 30 ve 45. dakikalar) ise bir kez gong vurmaktadır.

Komşunuzun evinden bir gong sesi duyduğunuzda saatin kaç olduğunu kesin olarak bilebilmeniz için en fazla ne kadar süre beklemeniz gerekir?

9. ZAYIF PİL

Pili zayıfladığı için güvenilir olmayan bir saatiniz var.

Her saat, 18 dakika ileri gidiyor.

Şu anda öğleden sonra 13.00'ü gösteriyor.

Gece yarısı, saati doğru zamana göre ayarlamıştınız.

Saat, pili tamamen bittiği için 12 saat önce durmuşsa şu anda doğru saat kaçtır?

10. OTEL

1'den 8'e kadar numaralandırılmış otel odalarına giden 8 kişiye otel görevlisi rehberlik ediyor.

Ama anahtarlar numaralı değil ve görevli anahtarları birbirine karıştırmış.

Kapıların hepsini açabilmek için maksimum kaç deneme yapılır?

11. BAŞTAN SONA

Bir baştan bir sondan harfler sırayla alınıp, yan yana koyulduğunda ortaya çıkan sorunun cevabı nedir?

TRİEUHRYTNNAKNİEEİİRDSRNTEŞBİİEİUMCYKÜ=?

12. KENDİNCE CÜMLE

"Bu cümlede beş tane a, üç tane b harfi var." cümlesinin (ki kendisi bir kendince cümledir) 29 harfi de içeren biçimini yazabilir misiniz?

13. GURBETTEKİ OĞULLAR

Özcan Bey'in İstanbul, Ankara ve İzmir üniversitelerinde okuyan birer oğlu var.

Delikanlıların her biri farklı branşlarda eğitim görüyor.

En büyük oğlu İstanbul'da değil, ortanca da Ankara'da değil.

İstanbul Üniversitesi'ndeki tarih okumuyor, Ankara'daki kimya okuyor.

Ortanca oğlun branşı biyoloji değil.

En küçük oğlan hangi şehirde ve hangi branşta okuyor?

14. 6 BİLYE 3 RENK

2 kırmızı, 2 sarı ve 2 mavi bilye var.

Her bilye çiftinin biri ağır, biri hafif, bunun dışında aralarında fark yok (demek ki 3 ağır, 3 hafif bilye var).

Ayrıca ağır olanların kendi aralarında, hafif olanların da kendi aralarında ağırlıkları aynıdır.

Ağırlık farkları çok küçük olduğu için bilyeler ancak hassas bir teraziyle ayırt edilebiliyor.

İki kefeli hassas bir terazide (pazarcı terazisi) sadece 2 tartı yaparak bu bilyeleri tasnif edebilir misiniz?

15. BİR DAĞCILIK PROBLEMİ

Bir dağcı, yoğun kar kaplı bir dağ yolculuğuna hazırlanmaktadır.

Altı yürüyüş günü uzaklıktaki bir kamp alanına gitmesi gerekmektedir.

Ancak taşıyabileceği maksimum erzak, kendisine en fazla dört gün yetecektir.

Buna göre yanına kaç kişi almalıdır ki kamp yerine sağ salim ulaşsın?

(Refakatçilerin tekrar geri döneceği ve kendileri için de erzak ihtiyaçları olduğunu da düşünmeliyiz.)

16. YANAN ÇUBUKLAR

Elimizde iki tane homojen olmayan çubuk var.

Bu çubukları uygun bir şekilde yakarak 45 dakikayı tam olarak ölçmemiz isteniyor.

Tek veri var:

Bu iki çubuk da bir ucundan tutuşturulunca 1 saatte yanıp bitiyor.

Uyarı:

Çubuklar homojen değil; mesela çubuğun birinin bir ucu yakılınca %80'i 1 dakikada yanıp geri kalanı 59 dakikada yanabilir. İki çubuk da birbirinden farklı ve ne kadarının ne sürede yanacağı hiç belli değil. (Yani 'bir ucunu yakarım; göz kararı ¾'ü yanınca yaklaşık 45 dakika geçmiştir' diyemezsiniz.)

17. FİDANLIK

Çok zengin olan yaşlı çiftlik sahibinin en büyük merakı, yeni ağaç türleri yetiştirmek ve hobi olarak fizik/matematik soruları çözmektir. Bir gün ülke dışından, dünyada çok nadir bulunan 4 tane fidan getirtir.

Kâhyasını çağırtıp şöyle der:

"Kâhya, sen benim yüz binlerce dönümlük arazimin her santimetrekaresini benden çok daha iyi bilirsin. Al bu fidanları, arazimin istediğin yerine istediğin şekilde dik. Tek şartım, aralarındaki mesafenin eşit olmasıdır."

Ertesi gün kâhya gelir, fidanları diktiğini söyler. Çiftlik sahibi gülümser, kâhyanın kolay kolay böyle bir sorunun altından kalkamayacağını düşündüğünden "emin misin?" diye sorar.

Evet, ABCD fidanlarını kâhya nasıl dikmiştir ki, AB, AC, AD, BC, BD, CD mesafeleri birbirine eşit olmuştur.

18. DEFİNEYİ BÖLMEK

İki kişi ıssız bir adada korsanların gömdüğü bir defineyi buluyor.

Definenin içinde altın, yakut, elmas, inci vb. gibi değişik değerli eşyalar var.

a) Defineyi bu iki kişi arasında bölmek için öyle bir kural bulun ki, ikisi de bunu en haksever bölme olarak kabul etsin.

b) n kişi arasında böyle bir bölme nasıl yapılır?

19. 12 ALTIN KÜRE

12 adet altın küremiz ve 2 kollu sıradan bir terazimiz var.

Bilardo topları, görünüş ve ağırlık olarak alet kullanılmadığı sürece diğerlerinden ayırt edilemiyor.

Ancak size toplardan birinin ağırlık olarak diğerlerinden farklı olduğu söyleniyor ve sizden teraziyi en fazla 3 kez kullanarak farklı topun hangisi olduğunu ve diğer toplardan ağır mı yoksa hafif mi olduğunu bulmanız isteniyor. Nasıl bulursunuz?

20. HASTA AİLE

Bir ailedeki herkes bulaşıcı bir hastalığa yakalanmıştı.

Aile şu kişilerden oluşuyordu:

Büyükbaba, büyükanne, kayınpeder, kayınvalide, gelin, iki kız kardeş, iki kız, iki oğul, erkek kardeş, iki anne ve iki baba.

Hastalar eski bir hastanede 10 yataklı bir koğuşa alındı.

Bu hastaları bu 10 yatağa nasıl dağıtırdınız?

21. AYNADAKİ SAAT

Adam, sabah evden çıkarken saatin aynadaki görüntüsüne bakar.

Saatte rakamlar yoktur, sadece noktalar vardır.

Tabii farkında olmadan saati yanlış okur.

20 dakika sonra işyerine vardığında, oradaki saate bakar.

Evden çıktıktan 2,5 saat sonra işyerine geldiğini hesaplar ve şaşırır.

Evden gerçekte saat kaçta çıktı, işe kaçta geldi?

22. KİRACININ DERDİ

Bu ay kirayı ödeyemedim.

21 gün sonra elime para geçecek.

21 halkalı altın bir zincirim var.

Ev sahibim dedi ki, "O halde bana her gün zincirin bir halkasını rehin olarak ver, 21 gün sonra parayı getir, halkalarını al!"

Halkalarımı geri aldığımda onları yine zincir haline getireceğimden, en az sayıda halkayı kesip, kaynatma masrafını en aza indirmek istiyorum.

Bunun için en az kaç halka kesmeliyim?

23. İNEKLER

Adamın 1'den 40'a kadar numaralanmış 40 ineği ve 4 çocuğu vardı.

Her inek, her gün numarası kadar litre süt veriyordu.

Adam, inekleri çocukları arasında paylaştırmak istedi.

Her çocuğa eşit sayıda inek ve eşit miktarda süt düşmesi için paylaştırmayı nasıl yapmalıdır?

24. AĞIRLIKLAR

1 gramdan 101 grama kadar 101 tane ağırlık vardı (1 g, 2 g, 3 g, ... 100 g, 101 g).

19 gramlık ağırlık kayboldu.

Kalan ağırlıklar iki gruba şu şartlarda ayrılacaktır:

1. Her grubun toplam ağırlığı ve
2. Toplam kütle sayısı eşit olsun.

Bu nasıl sağlanabilir?

25. FİNCANLAR

İki fincanda belli bir miktar fasulye bulunuyor.

Oyuncunun yapabileceği geçerli bir hamleyi şöyle tanımlıyoruz.

Fincanlardan birindeki fasulyeleri yere boşaltmak ve diğer fincandaki fasulyelerden istediği kadarını boşalttığı fincana aktarmak.

Hamlenin sonunda her fincanda en az 1 fasulye bulunmalı. Geçerli bir hamle yapamayan oyuncu kaybediyor.

İlk durumda fincanlarda (24 ve 27) fasulye var ve sıra sizde...

Kazanma stratejiniz ne olur?

26. YUVARLAK MASA

Çember biçimindeki bir masanın çevresinde oturan bir grup insan var.

Birinci kişinin ikinciden 1 lira, ikincinin üçüncüden 1 lira, ... fazlası vardır.

Birinci ikinciye 1 lira veriyor, ikinci üçüncüye 2 lira veriyor ve oyun boyunca herkes bir yanındakinden aldığının 1 lira fazlasını diğer yanındakine veriyor.

Oyun olabildiğince sürüyor. Oyunun sonunda bir kişinin yanındakinden 4 kat daha fazla parası oluyor.

Oyunu kaç kişi oynadı ve başlangıçta en az parası olanın kaç lirası vardı?

27. POSTACI

Postacının boş vakti vardı.

Bir yolun aynı tarafındaki 10 eve posta bırakacaktı.

Evler 100 metre aralıkla diziliydi ve postacı en uzun yolu yürümeye karar verdi.

Önce 1. eve gitti, sonra 10. eve, sonra 2. eve, sonra 9. eve ... ve böylece toplam,

100 x (9 + 8 + 7 + 5 + 4 + 3 + 2 + 1) = 4500 metre yol yürüdü ve kendisine hep kahve ikram edilen 6. eve son postayı bıraktı.

Başka boş bir gününde 1. ev yerine başka bir evden başlarsa daha uzun yürüyeceğini ve yine son olarak 6. eve uğrayacağını fark etti.

Hangi evden başladı ve sırayla hangi evlere uğradı?

28. A HARFİ

- - - A - - -

Yukarıdaki A harfinin başına ve sonuna öyle aynı üç harfi ekleyin ki;

1. Anlamlı bir kelime oluşsun,

2. A harfini çıkardığınızda da başka anlamlı bir kelime kalsın.

29. HADİ BAKALIM

BU CÜMLEDE .... HARF VAR.

Noktalı yere yazı ile bir sayı yazın ve cümlede söylenen doğru olsun.

30. BİYOKİMYACININ DERDİ

Biyokimyacının 12 delikli santrifüjü var.

Deliklere tüpler konuyor ve makine çalışınca merkezî bir eksen etrafında dönüyor.

Tüplerdeki numunelerin düzgün bir şekilde karışabilmesi için, tüpler deliklere santrifüjün dengesini bozmayacak şekilde yerleştiriliyor.

Örneğin, delikler saat kadranındaki gibi isimlendirilmişse 4 tüpü dengeli bir şekilde yerleştirmek için 3, 6, 9 ve 12 no'lu delikler kullanılabilir.

1. 5 tüp nasıl yerleştirilmelidir?
2. Kaç tüp için çözüm yoktur?
3. Her sayıdaki tüpe uygulanacak bir çözüm var mıdır?

31. ÇİVİ BOYU

Feridun 9 yaşındayken 110 cm boyundadır.

Bahçelerindeki bir ağacın kendi boyu kadar yüksekliğini işaretleyip, bir çivi çakar.

10 yıl sonra, ağaca çaktığı çiviyi hatırlar ve kontrol etmeye gider.

Ağaç her yıl yarım metre uzadığına ve Feridun şu an 180 cm boyunda olduğuna göre,

Feridun'un boyu ile çivi arasındaki mesafe ne kadardır?

32. 6 TOP

Aynı büyüklükte 6 topumuz var: A, B, C, D, E ve F.

A, B ve C'den birinin 2 gr, birinin 4 gr birinin de 6 gr olduğunu biliyoruz, fakat hangisinin hangisi olduğunu bilemiyoruz.

D, E ve F toplarının da 1 gr, 3 gr ve 5 gr olduğunu biliyoruz, fakat yine hangisinin hangisi olduğunu bilmiyoruz.

İki kefeli hassas bir terazimiz (pazarcı terazisi) var. Bu topları gram kullanmadan 4 tartıda ayırmamız isteniyor.

Nasıl yaparız?

33. DİJİTAL SAAT

Sayısal göstergeli bir saat, her biri iki hane olmak üzere ve sırasıyla "saat: dakika: saniye-ay/gün" bilgilerini göstermektedir.

Örnek: "14:34:21 04/28"

0'dan 9'a kadar bütün rakamların birer kez kullanıldığı tarih bilgilerini dikkate alarak bir yıl içindeki en küçük ve en büyük tarih değerlerini bulunuz.

34. 52 KART

52 adet kart, 1'den 52'ye kadar sırayla numaralanıyor ve karıştırıldıktan sonra masaya konuyor. Destedeki ilk 3 kartın, küçükten büyüğe doğru bir sırada olma olasılığı nedir?

Örneğin birinci kart 8, ikinci kart 27, üçüncü kart 43 olabilir.

35. İKİ SEMBOL

Aşağıdaki iki sembolün toplamı nedir?

MS + AK = 17

HZ + KM = 17

TZ + EM = 17

pi + ci = 8

sı + ca = 8

ça + pe = 8

AS + pr = ?

36. HANGİSİ

Bu dizide takip eden sayıyı bulunuz. 2, 6, 5, 4, 6, ?

37. HANGİ SAYI GELMELİ?

Soru işaretinin yerine hangi sayı gelmelidir?

İkinci, dokuzuncu, yirmi ikinci, ?

38. GRUPLAR

0'dan 14'e kadar olan sayılar, şu üç gruba ayrılmış:

Grup A: 0, 3, 6, 8, 9

Grup B: 1, 4, 7, 11, 14

Grup C: 2, 5, 10, 12, 13.

Buna göre 15, 16 ve 17 hangi gruba dâhil edilmelidir?

39. TELEFON NUMARASI

Bir arkadaşa telefon numarasını sordum.

O da bana dedi ki: "4. ve 5. rakamlar mükemmel bir kare oluşturur. 6. ve 7. rakamlar da öyle. İlk üç rakama gelince, mükemmel bir küp oluşturur ve üstelik öbür dört rakamın çarpımına eşittir. Beni arasana."

Telefon numarası kaç?

40. HANGİ İL?

1. Bursa
2. Adana
3. Adıyaman
4. Nevşehir
5. ?

41. 4 KART

4 adet iskambil kartı yan yana durmaktadır.

İki siyah kart yan yanadır.

Kupa, sineğin hemen solundadır.

2, 4'ün hemen sağındadır.

3, 5'e göre daha soldadır.

Kupayla maçanın toplamı, karoyla sineğin toplamından küçüktür.

Bu 4 kartı tanımlayınız

CEVAPLAR

1. SATRANÇ TURNUVASI

	G	B	M	P
A	3	0	1	3
B	1	3	0	2,5
C	1	2	1	2
D	1	1	2	1,5
E	0	2	2	1

2. DOMİNO TAŞI

1	1	6	6
4	*	*	3
4	*	*	3
5	5	2	2

3. BEŞ TOP

En az 7 tartı yapmak gerekir.

4. BAKKAL

5 ve 9 kg'lık ağırlıklar değişik kefelere konularak 4 kg şeker tartılır (1. tartı). Bu 4 kilo kullanılarak ikinci bir 4 kg şeker tartılır (2). Üçüncü 4 kg tartılır (3), dördüncü 4 kg

tartılır (4). Geriye yine 4 kg şeker kalır. 5-6-7-8-9. tartılarda da bu 4 kg'lık şekerler ikiye bölünür.

5. SAYFA

"Sıfır"

Çünkü sağdaki rakamlar her zaman tek, soldakiler çifttir.

Bir tek ve bir çift sayının toplamı her zaman tek'tir.

6. KELİME-HECE-HARF SAYILARI

On üç - yirmi beş - elli dokuz

7. 11 TOP

Toplar a=3, b=3, c=2, d=2, e=1 olarak gruplanır

A

I. a ile b tartılır.

II. a≠b ise c+e, a ile tartılır.

III. c+e=a ise b'de farklı olan vardır.

IV. a ya da b'nin ağırlığına göre farklı olanın diğerlerinden daha mı ağır yoksa daha mı hafif olduğu bilinir.

V. b'den herhangi iki top tartılır eşitlerse diğeri farklıdır. Eşit değillerse, farklı olanın ağır ya da hafif olmasına göre ağır ya da hafif olan farklıdır.

VI. c+e≠a ise a'da farklı olan vardır.

VII. a ya da b'nin ağırlığına göre farklı olanın diğerlerinden daha mı ağır yoksa daha mı hafif olduğu bilinir.

VIII. a'dan herhangi iki top tartılır; eşitlerse diğeri farklıdır. Eşit değillerse, farklı olanın ağır ya da hafif olmasına göre ağır ya da hafif olan farklıdır.

B

I. a=b ise c ve d tartılır.

II. c≠d ise d+e ile a tartılır.

III. d+e=a ise c de farklı olan vardır.

IV. c ya da d'nin ağırlığına göre farklı olanın diğerlerinden daha mı ağır yoksa daha mı hafif olduğu bilinir.

V. c'deki iki top tartılır; farklı olanın ağır ya da hafif olmasına göre ağır ya da hafif olan farklıdır.

VI. d+e≠a ise d de farklı olan vardır.

VII. c ya da d'nin ağırlığına göre farklı olanın diğerlerinden daha mı ağır yoksa daha mı hafif olduğu bilinir.

VIII. d'deki iki top tartılır; farklı olanın ağır ya da hafif olmasına göre ağır ya da hafif olan farklıdır.

IX. c=d ise e farklıdır.

X. e ile a'dan bir top tartılır; e'nin ağır ya da hafif olmasına göre farklı olanın durumu bulunur.

8. DUVAR SAATİ

90 dakika. (12.15'ten 1.45'e kadar geçen süre. Eğer arka arkaya 7 defa bir kez çalan gong sesi duyarsanız, saati anlamanız için yeni bir gong beklemenize gerek yok, çünkü ilk çalacak olan gong, saat 2'nin ilk gongu olacaktır.)

9. ZAYIF PİL

22.00

10. OTEL

35

Eğer bulduğu anahtarı bir daha unutmuyorsa 8+7+6+5+4+3+2=35; ama unutuyorsa 8x8=64 olur.

11. BAŞTAN SONA

Bir baştan bir sondan harfler sırayla alınıp, yan yana koyulduğunda şu soru elde edilir:

TÜRKİYE CUMHURİYETİNİN BAŞKENTİ NERESİDİR?

Yani cevap: ANKARA

12. KENDİNCE CÜMLE

Bu cümlede otuz üç tane a, on bir tane b, iki tane c, yedi tane ç, yedi tane d, kırk bir tane e, iki tane f, bir tane g, bir tane ğ, iki tane h, üç tane ı, yirmi yedi tane i, bir tane j, on tane k, üç tane l, üç tane m, otuz üç tane n, yedi tane o, iki tane ö, bir tane p, on iki tane r, iki tane s, dört tane ş, otuz beş tane t, beş tane u, sekiz tane ü, üç tane v, altı tane y ve beş tane z harfi var.

13. GURBETTEKİ OĞULLAR

İstanbul'da biyoloji okuyor.

14. 6 BİLYE 3 RENK

Önce $k_1 + m_1$ ile $k_2 + s_1$; sonra $m_2 + s_1$ ile $k_2 + m_1$ karşılaştırılır. (a: ağır, h: hafif)

	k_1 m_1 s_1 k_2 m_2 s_2
$k_1 + m_1 > k_2 + s_1$ $m_2 + s_1 = k_2 + m_1$	a a a h h h
$k_1 + m_1 > k_2 + s_1$ $m_2 + s_1 < k_2 + m_1$	a a h h h a
$k_1 + m_1 > k_2 + s_1$ $m_2 + s_1 > k_2 + m_1$	a h h h a a
$k_1 + m_1 = k_2 + s_1$ $m_2 + s_1 > k_2 + m_1$	a h a h a h
$k_1 + m_1 = k_2 + s_1$ $m_2 + s_1 < k_2 + m_1$	h a h a h a
$k_1 + m_1 = k_2 + s_1$ $m_2 + s_1 = k_2 + m_1$	Mümkün değildir
$k_1 + m_1 < k_2 + s_1$ $m_2 + s_1 < k_2 + m_1$	h a a a h h
$k_1 + m_1 < k_2 + s_1$ $m_2 + s_1 > k_2 + m_1$	h h a a a h
$k_1 + m_1 < k_2 + s_1$ $m_2 + s_1 = k_2 + m_1$	h h h a a a

15. BİR DAĞCILIK PROBLEMİ

2 kişiye ihtiyacı vardır.

16. YANAN ÇUBUKLAR

Çubuğun birini iki ucundan, diğerini bir ucundan yakarsınız. 1. çubuk tamamen yandığında 30 dakika geçmiş olur. Bu anda 2. çubuğun diğer ucunu da yakarsınız. 2. çubuk da tamamen yandığında 45 dakika olmuştur.

17. FİDANLIK

Eşkenar üçgen piramit şeklindeki bir arazinin köşelerine ve tepesine...

18. DEFİNEYİ BÖLMEK

a) İki kişi: Biri defineyi iki parçaya böler, diğeri de istediği parçayı seçer.

b) n kişi: 1. kişi hazinenin kendince 1/n'ini ayırıp ortaya koyar. İkinci kişi, bunun gerçekten 1/n olup olmadığını irdeler, gereğinden büyük bulursa, bir kısmını sandığa geri koyar, gereğinden küçük bulursa dokunmaz. Diğer kişiler de aynı şekilde hareket eder.

1/n hazine parçasına en son dokunan kişi ona sahip olur.

Geri kalan (n-1) kişi de aynı şekilde hareket eder.

19. 12 ALTIN KÜRE

Küreler 4 kürelik 3 küme yapılır. A, B ve C.

A ile B karşılaştırılır. Şu iki durum mümkündür:

(1) A = B

Bu durumda hatalı küre C grubundadır.

C'den 3 küre alınır (C_1, C_2 ve C_3) ve A'dan 3 küreyle tartılır (A'nın sağlam olduğunu biliyoruz).

İki durum mümkündür:

(1a) $C_1 + C_2 + C_3 = A_1 + A_2 + A_3$:

Hatalı küre C_4'tür. C_4 A_1 ile tartılır ve durumu anlaşılır.

(1b) $C_1 + C_2 + C_3 > A_1 + A_2 + A_3$ (veya $C_1 + C_2 + C_3 < A_1 + A_2 + A_3$):

Bu durumda hatalı kürenin ağır (hafif) olduğu anlaşılır. C_1 C_2 ile tartılır. Eşitseler hatalı küre C_3 tür; $C_1 > C_2$ ($C_1 < C_2$) ise hatalı küre C_1 (C_2) dir.

(2) $A < B$:

Hafif gruba A ağır gruba B diyelim. C'nin sağlam olduğunu biliyoruz.

$A_1 + A_2 + B_1 + B_2$ ile $A_3 + B_3 + C_1 + C_2$ tartılır.

Şu 3 durum mümkündür:

(2a) $A_1 + A_2 + B_1 + B_2 = A_3 + B_3 + C_1 + C_2$:

Bu durumda A_4 veya B_4 hatalıdır. A_4 C_1 ile tartılır. Eşitse hatalı B_4'tür ve ağırdır, değilse hatalı A_4'tür ve hafiftir.

(2b) $A_1 + A_2 + B_1 + B_2 < A_3 + B_3 + C_1 + C_2$:

Bu durumda ya A_1 veya A_2 hatalıdır (ve hafiftir) ya da B_3 hatalıdır ve ağırdır.

$A_1 + B_3$, $C_1 + C_2$ ile tartılır. Şu sonuçlar alınabilir:

(2bi) $A_1 + B_3 = C_1 + C_2$: hatalı A_2'dir.

(2bii) $A_1 + B_3 < C_1 + C_2$: hatalı A_1'dir.

(2biii) $A_1 + B_3 > C_1 + C_2$: hatalı B_3'tür.

(2c) $A_1 + A_2 + B_1 + B_2 > A_3 + B_3 + C_1 + C_2$:

Bu durumda da 2b'deki prosedür uygulanır.

20. HASTA AİLE

Ailede aslında sadece 7 kişi vardır: Büyükbaba ve büyük anne, onların oğlu ve gelini ve bu oğul ve gelinin ikisi kız, biri erkek üç çocuğu. Hepsi tek yatak aldıktan sonra 3 yatak da artmaktadır.

21. AYNADAKİ SAAT

07.05'te evden çıktı, 07.25'te işyerine vardı.

22. KİRACININ DERDİ

Sadece 2 halka:

4 ve 10. halkalar ya da 4 ve 11. halkalar.

Yöntem şöyleydi:

1. gün tek halkalardan birini verdim.

2. gün diğer tek halkayı verdim.

3. gün 3 halkalı parçayı verip ilk iki halkayı geri aldım.

Diğer günler de aynı şekilde yapılır.

(Zincirinparçaları 123-4-5678910-11-12131415161718192021)

23. İNEKLER

Her birine 10 inek düşer.

1. çocuk:	1	8	9	16	17	24	25	32	33	40 = 205 lt
2. çocuk:	2	7	10	15	18	23	26	31	34	39 = 205 lt
3.çocuk:	3	6	11	14	19	22	27	30	35	38 = 205 lt
4. çocuk:	4	5	12	13	20	21	28	29	36	37 = 205 lt

2. Çözüm

1. çocuk:	1	2	3	4	5	40	39	38	37	36	= 205 lt
2. çocuk:	6	7	8	9	10	35	34	33	32	31	= 205 lt
3.çocuk:	11	12	13	14	15	30	29	28	27	26	= 205 lt
4. çocuk:	16	17	18	19	20	25	24	23	22	21	= 205 lt

1'den 20'ye kadar sayıları üste, 40'tan 21'e kadar sayıları da alta yazıp toplayalım:

1	2	3	4	5	6	7	8	9	10	……
40	39	38	37	36	35	34	33	32	31	
+										
41	41	41	41	41	41	41	41	41	41	

5 x 41 = 205

Olduğundan, alt alta yazılı herhangi 5 çift alınarak oluşturulan 4 grup sayı işe yarar bir çözümü verecektir.

Örneğin:

1. çocuk: (1, 40), (5, 36), (9, 32), (13, 28), (17, 24)

2. çocuk: (2, 39), (6, 35), (10, 31), (14, 27), (18, 23)

3.çocuk: (3, 38), (7, 34), (11, 30), (15, 26), (19, 22)

4. çocuk: (4, 37), (8, 33), (12, 29), (16, 25), (20, 21)

24. AĞIRLIKLAR

Baştan ve sondan 18 ağırlık birbirleriyle eşlenir:

1 + 101, 2 + 100, ..., 18 + 84

Bu 18 çiftin her biri 102 gramdır. Geriye kalanlar da:

20 + 83, 21 + 82, ..., 51 + 52 şeklinde eşlenir. Bu 32 çiftin her biri de 103 gramdır.

İlk gruptan alınan herhangi 9 çift ile ikinci gruptan alınan herhangi 16 çiftin toplam ağırlığı ve toplam kütle sayısı, alınmayan çiftlerdeki toplam ağırlık ve toplam kütle sayısına eşit olur.

25. FİNCANLAR

27'yi boşalt, 24'u 23+1 böl. 1'i boşaltarak 23'u tek+çift bölmek zorunda kalacak. Hep tek sayılıyı boşalt, çiftin 1 tanesini diğer fincana aktar.

26. YUVARLAK MASA

X; oynayan kişi sayısı,

Y; başlangıçta en az parası olan kişinin parası olsun.

Oyunun kuralına göre, her turda herkesin parası 1 lira azalıyor.

Öyleyse Y aynı zamanda oyunun tur sayısıdır.

Yani, Y sayıda oyun oynandığında, en az parası olanın parası ve dolayısıyla oyun biter.

Başlangıçta kişiler ve paralar:

Kişiler:	x (sonuncu)	x - 1	x - 2	...	3	2	1
Paralar:	y	y + 1	y + 2	...	x + y - 3	x + y - 2	x + y - 1

Y sayıda tur, sonra ortada x.y kadar para toplanır.

X. kişi bu parayı 1. kişiye aktarır ve son para durumu şöyle olur:

Kişiler:	x (sonuncu)	x - 1	x - 2	...	3	2	1
Paralar:	0	1	2	...	x.y + x - 3	x.y + x - 2	x.y + x – 1

Buna göre 1.'nin parası, 2.'nin parasının 4 katı kadar olmalıdır.

$x \cdot y + x - 1 = 4 \cdot (x - 2)$ yazılır ve buradan,

$y = 3 - \frac{7}{x}$ ifadesinde tamsayı x ve y için çözüm aranırsa, x = 7 ve y = 2 bulunur.

Sonuç: Masada 7 kişi ve en az parası olanın 2 lirası vardı.

27. POSTACI

5, 10, 1, 9, 2, 8, 3, 7, 4, 6.

100 * (5 + 9 + 8 + 7 + 6 + 5 + 4 + 3 + 2) = 4900 metre.

Diğer çözüm:

5, 10, 4, 9, 3, 8, 2, 7, 1, 6

100 * (5 + 6 + 5 + 6 + 5 + 6 + 5 + 6 + 5) = 4900 metre.

28. A HARFİ

BER A BER

BERBER

29. HADİ BAKALIM

BU CÜMLEDE YİRMİ ÜÇ HARF VAR

30. BİYOKİMYACININ DERDİ

1. 3'ünü kendi arasında, 2'sini kendi arasında dengeli olarak yerleştirmelidir.

2. 1 ve 11

3. Gerekli yerlere gereksiz tüpler koyabilir. Örneğin, 1 tüp varsa, 1. deliğe onu, 7. deliğe de her hangi bir tüp koyarak denge sağlanır.

31. ÇİVİ BOYU

Ağaç kökten değil, dallarından büyür. Yani çivi ilk çaktığı noktada (aynı yükseklikte) kalır.

Feridun'un şimdiki boyu ile 9 yaşındaki boyu arasındaki fark bizi sonuca götürür:

O da 180-110 = 70 cm'dir.

32. 6 TOP

Önce AD ile BE ve AE ile BD'yi tart.

Durum 1: AD < BE ve AE < BD ise,

D ile E ve E ile F'Yi tart.

Durum 2: AD < BE ve AE = BD ise,

B ile DE ve B ile C'yi tart.

Durum 3: AD < be ve AE > BD ise,

A ile B ve B ile C'yi tart.

Durum 4: AD = BE ve AE < BD ise,

B ile DE ve B ile C'yi tart.

Durum 5: AD = BE ve AE > BD ise,

A ile DE ve A ile C'yi tart.

Durum 6: AD > BE ve AE < BD ise,

A ile B ve B ile C'yi tart.

Durum 7: AD > BE ve AE = BD ise,

A ile DE ve A ile C'yi tart.

Durum 8: AD > BE ve AE > BD ise,

D ile E ve E ile F'yi tart.

33. DİJİTAL SAAT

En küçük: 17:48:59 - 03/26, En büyük: 17:56:43 - 09/28

34. 52 KART

1/6

Problemi çözmek için destedeki diğer kâğıtları dikkate almaya gerek yok. İlk 3 kâğıt 6 farklı şekilde dağılabilir. Bunlardan yalnızca bir tanesi istenilen sırada olacağından cevap altıda birdir.

1<2<3

1<3<2

2<1<3

2<3<1

3<1<2

3<2<1

35. İKİ SEMBOL

Soru işaretinin yerine 15 gelmelidir.

Çünkü:

Mayıs (5) + Aralık (12) = 17

Haziran (6) + Kasım (11) = 17

Temmuz (7) + Ekim (10) = 17

Pazartesi (1) + Pazar (7) = 7

Salı (2) + Cumartesi (6) = 7

Çarşamba (3) + Cuma (5) = 7

Ağustos (8.ay) + Pazar (7.gün) =15

36. HANGİSİ

Dizideki sayılar, "Bu dizide takip eden sayıyı bulunuz" cümlesindeki kelimelerin sırasıyla harf sayıları. Cevap ise "bulunuz" kelimesinin harf sayısı olan 7.

37. HANGİ SAYI GELMELİ?

Eğer sesli harflerini sayarsak yirmi sekizinci olur.

İkinci → 3

Dokuzuncu → 4

Yirmi ikinci → 5

Yirmi sekizinci → 6

38. GRUPLAR

Sayılar şu şekilde gruplanmış:

Grup A: Yalnızca eğri çizgilerle yazılan sayılar.

Grup B: Yalnızca düz çizgilerle yazılan sayılar.

Grup C: Hem eğri hem de düz çizgilerle yazılan sayılar.

Buna göre 15, 16 ve 17 sırasıyla C, C ve B gruplarına aittir.

39. TELEFON NUMARASI

Telefon numarasına "abc de fg" dersek;

[abc] bir sayının küpü

[de] ve [fg] bir sayının karesi;

216 49 16 veya 216 16 49 olur.

40. HANGİ İL?

Rize

Çünkü bir önceki ilin son harfi; bir sonraki ilin ilk harfidir. Bu durumda Nevşehir'in son harfi "r" olduğu için "r" harfi ile başlayan il de sadece Rize'dir.

41. 4 KART

Kupa 3 - Sinek 4 - Maça 2 - Karo 5

BÖLÜM 4

A- FARKINDALIK GELİŞTİRME

Farkındalık; yargısız bir şekilde şimdiki ana odaklanabilmek amacıyla, dikkatinizi toplayabilmektir. Zihnimiz geçmişe ya da geleceğe yolculuklar yaptığında, şimdi ve buradaki yaşantımıza dönmeyi hatırlamaktır. Zihnimizin gözü ile geçmişi ya da geleceği seyrediyorsak, bu gerçek, gözlerimizle gördüklerimizi fark etme şansını yitirdiğimiz anlamına gelir. Böylece şimdiki deneyimlerimiz elimizden kaçıp gider ve o anda var olmayan yaşantılara ait üzüntüler, endişeler ve korkularla karşı karşıya geliriz.

Farkındalık, zihnimizin böyle gezintiler yaptığını fark ettiğimizde, şimdiki yaşantımızı tekrar yakalamamıza yardım edecek bir araçtır. Yapmanız gereken, zihninizin her gezintiye çıktığında dikkatimizi tekrar "şimdi ve burada" ya yöneltmektir.

Farkındalık, düşünce ve duygularımızla olan bağlarımızı gevşetmektir. Kaygılarımız, endişelerimiz, üzüntülerimiz ve korkularımıza karşı yapabileceğimiz en iyi şey, onları serbest bırakmaktır. Onlarla uğraşmaktan vazgeçip, onları serbest bıraktığımız zaman, bu duyguların üzerimizdeki olumsuz etkileri de ortadan kalkmaya başlayacaktır.

Psikolojide Johari Penceresi, farkındalık modeliyle ilgilidir. Bu model 4 bölmeden oluşur.

1. Kişinin hem kendisinin, hem de başkalarının fark ettiği özellikler

2. Kişinin fark etmediği, çevresinin fark ettiği özellikler

3. Kişinin fark ettiği fakat başkalarından sakladığı özellikler

4. Kişinin, kendisi ve çevresi tarafından fark edilmeyen özellikler

Farkındalık, öğrenilebilen bir beceridir. Farkındalık, etrafımızdaki olanlara ve günlük olaylara, geçmişte edindiğimiz deneyimlerimiz, düşünce ve inançlarımızın yaşantımızı bulanıklaştırmasına izin vermeden bakabilme yetisidir.

Farkındalık, kişilerin çevresinde olan olayları algılama biçimidir. Farkına varmak için her olguya dikkat etmek gerekir. Dikkat sürecini tamamlayarak odaklanılan olayların sonucunda daha doğru kararlar alınır.

Herhangi bir uyarıcıyı; örneğin bir insanı, bir bitkiyi veya hayvanı fark edebilmek için öncelikle o uyarıcının, belirli bir eşiği aşabilecek güçte olması ve duyu organlarımıza ulaşması gereklidir. Ancak duyu organlarımıza ulaşan her şeyin farkına varmayız. Karşımızdaki yeni bir uyarıcıyı fark edebilmemiz için şu üç şeye ihtiyacımız vardır:

a. Yeni uyarıcıyı mevcut zihinsel şemalarla bağdaştırmak, tanımlamak

b. Yeni uyarıcı karşısında heyecan duymak, duygusal yaşantı geçirmek

c. Yeni uyarıcıyla iletişime geçme isteği duymak

Farkına varma, bir bilişsel ve duyusal etkinliktir. Farkına varma işlemi tamamlandığında birtakım yeni zihinsel şemalar oluşturmuş oluruz. Yeni şema oluşturmak, bilinç alanın genişlemesi anlamına gelir.

Fark etmeden iletişim kuramazsınız. Farkındalık olmadan gelişemezsiniz. Kant'a göre, algılayamadığınız ağaç, fark etmediğiniz dağ sizin değildir.

Sonucu Tahmin Etme (Çıkarım)

Verilen önermelerden zihnin sonuç çıkarmasına çıkarım denir. Çıkarımda verilen önermelere öncül, öncüllerden zihnin zorunlu olarak çıkardığı önermeye ise sonuç önermesi denir.

Çıkarımlar iki ana çeşide ayrılırlar:

a. Doğrudan çıkarımlar:

Tek bir öncülden sonuca geçilen, yani biri öncül diğeri sonuç olmak üzere iki önermeden oluşan çıkarımlardır. Zihnimizin birinci önermeden, arada başka bir önerme kullanmaksızın doğrudan doğruya, sonuç çıkarmak suretiyle yaptığı akıl yürütme şeklidir. Örneğin "Her insan canlıdır" önermesi bilinen bir gerçekse, zihnimiz, hiçbir aracı önerme kullanmaksızın "Bazı canlılar, insandır" sonucunu çıkarabilir. Bu doğrudan tümdengelim şeklidir.

b. Dolaylı çıkarımlar:

Zihnimizin, birinci önermeden sonuca geçerken, arada başka önermelerden yararlanmak suretiyle yapmış olduğu akıl yürütme şeklidir. En az iki öncül ve bir sonuç önermesinden kurulu yani en az üç önermeyi içeren çıkarımlardır. Örneğin: "İnsanlar ölümlüdür, Sokrates insandır. O halde Sokrates de ölümlüdür."

Çıkarım, bir gözlemin nedenleri konusunda yaptığımız tahminlerdir. Çıkarım, genelde tahminle karıştırılır. Tahmin, bir olayın sonucunu önceden kestirmektir. Çıkarım ise o olayın nedenleri hakkındaki tahminlerimizdir. Çıkarımlarımız verilere dayanmak zorundadır. Gözlem yoluyla veri toplar, bu verilere dayanarak da gözlediğimiz olayların nedenleri hakkında çıkarımlarda bulunuruz.

Tahmin Etme: Bir olayın sonucunu elimizdeki verilere ya da geçmişteki deneyimlerimize dayanarak önceden kestirmeye tahmin denir. Tahminler doğru ya da yanlış çıkabilir; olay beklendiği gibi ya da beklenenden farklı sonuçlanabilir, fakat tahmin etmek öğrencilerde gelişmesi gereken bir beceridir. Bu beceriyi geliştirmek için de öğrencilerden deney ya da küçük de olsa bir eylem yapacakları zaman sonucunda ne olacağı sorularak, tahmin etmeleri sağlanabilir.

Çıkarım yaparken dikkat edilecek hususların başında tabi ki ayrıntılara uygun olan tahminlerde bulunmaktır. Bir ayrıntı birden fazla seçeneğe sahip olabilir. Eğer siz doğru soruları sormayı başarırsanız, hata yapma payınızı en aza indirgemiş olursunuz. Elbette yeni başlayanlar için doğru çıkarımlardan çok yanlış çıkarımlar fazla olacaktır ama bu hiç önemli değildir. Çünkü burada asıl önemli olan hafızayı kullanabilmek ve kullanılan yeteneğin gelişmesiyle hataları en aza indirgemektir.

Sherlock Holmes Tarzı Çıkarım Yapma Sanatı

Çıkarım yapma sanatı, çoğunlukla ünlü dedektif karakteri Sherlock Holmes'e atfedilir. Holmes, çıkarım yapma, tümdengelim gibi tekniklerle suçlunun izini bulur ve bunu bir kaç dakika içinde yapar. Onu, olayların üzerinde giderek veri toplaması ve olaya neden olabilecek kişi, durum, mekân gibi faktörlere yönelik çıkarımlar yaparak sonuca ulaşması, bizim burada, okunan bir metinden yapacağımız çıkarımlara oldukça benzemektedir. Önemli olan, her veriyi, her ayrıntıyı, dikkatli bir şekilde elden geçirmek, üzerinde düşünmek ve doğru yorumlar yapabilmektir.

Holmes, olayları gözlem yoluyla çözmesi ile ünlüdür. Tümdengelim yöntemini çok iyi kullanmaktadır, sorduğu soruların cevaplarının birbiriyle tutarlı bir bütün oluşturmasına dikkat eder, yani yöntemindeki fark, ipuçlarını bir araya getirip bir çözüm bulmak yerine, elindeki ipuçlarından anlamlı bir bütüne ulaşmaya çalışmaktır; bunun yanı sıra kendi kendine yaptığı laboratuar araştırmaları sonucunda elde ettiği bilgileri tekil olaylara uygular ve sigara izmaritlerinden, el yazılarından, ayak izlerinden ve her türlü bilgi kırıntısından sonuca ulaşır.

Sherlock Holmes'in yaptığı çıkarımlara örnek verelim şimdi: Boscombe hikâyesinde Sherlock Holmes'un çıkarımları:

Çıkarım 1:

Watson'un yatak odası penceresinin sağ tarafta olduğunu söylüyor.

Çözüm:

Watson'un askeri titizliğinin bildiğini, her gün tıraş olduğunu ve bu mevsimde de güneş ışığıyla tıraş olabileceğini söylüyor. Yüzünün soluna doğru baktığında yapılan tıraşın kötüleştiğini ve bu sebeple ışığın sağ tarafta olduğunu söylüyor.

Çıkarım2:

McCarty'nin iki kez yürüyüp bir kez koştuğunu söylüyor.

Çözüm:

İzlere bakarak üç kere oradan geçtiğini görüyor. İzlerden birinde tabanın izleri daha derinken, topuk izleri daha zor seçiliyorsa koşmuş demektir.

Çıkarım 3:

Boscombe Gölü'nün orada bir taş görüyor ve cinayetin bu taşla yapıldığını söylüyor.

Çözüm:

Taşın altında çimen olduğunu dolayısıyla taşın birkaç gündür orada olduğunu, taşın nereden geldiğine dair bir iz olmadığını ve olay mahallinde başka cinayet silahı bulunmadığı için cinayetin taşla yapıldığını söylüyor.

Çıkarım 4:

Katilin uzun boylu olduğunu söylüyor.

Çözüm:

Bunu kabaca çamurdaki ayak izlerinden çıkarıyor.

Çıkarım 5:

Katilin solak olduğunu söylüyor.

Çözüm:

Doktor raporlarında, darbenin arkadan kafatasının sol tarafına yapılmış olduğu görülüyor; bu da olayın bariz bir şekilde solak biri tarafından gerçekleştirildiğini gösteriyor.

Çıkarım 6:

Katilin sağ ayağını topalladığını söylüyor.

Çözüm:

Çamurdaki sağ ayak izlerinin sol ayaktan daha az belirgin olduğunu söylüyor. Bu da, sağ ayağına fazla yük vermemiş, yani sağ ayağının topalladığına işarettir.

Çıkarım 7:

Katilin bir puro ağızlığı kullandığını söylüyor.

Çözüm:

İzmaritin ağza değmemiş olduğunu fark ediyor yani adam bir ağızlık kullanmış.

Çıkarım 8:

Katilin eski bir çakısının olduğunu söylüyor.

Çözüm:

Yine puro izmaritinin ucunun ısırılmamış, kesilmiş olduğunun ve bu kesiğin de pürüzlü olduğunun, dolayısıyla katilin cebinde eski bir çakı taşıdığını söylüyor.

Bütünü Görme

Juan, motosikleti ile Meksika sınırına gelir.

Arkasındaki iki büyük çantayı gören sınır polisi şüphelenir ve içinde ne olduğunu sorar:

Juan, "Yalnızca kum" diye yanıt verince polis, "Aç bakalım çantaları!" der.

Juan çantaları açar, polis didik didik kontrol etmesine rağmen kumdan başka bir şey bulamaz çantada. Bununla yetinmeyen polis, gece yarısına kadar kumu her tür tahlilden geçirtir; ancak çantada saf kumdan başka bir şey yoktur.

Polis, çantalarını Juan'a geri verir ve sınırdan geçmesine izin verir.

Ertesi gün Juan, motosikletinin arkasında iki büyük çantayla tekrar sınırda belirir. Polis Juan'ı gene durdurur, didik didik arar, bir şey bulamaz ve Juan'ı serbest bırakmak zorunda kalır.

Bu olay, polis emekli olana dek yıllarca devam eder.

Bir gün emekli polis, Meksika'da bir barda otururken Juan'ın içeri girdiğini görür ve derhal yakasına yapışır:

"Senin yıllardır bir şeyler kaçırdığından eminim. Geceleri uyku uyuyamıyordum senin yüzünden. Lütfen anlat bana ne kaçırdığını... Aramızda kalacağından emin olabilirsin."

Juan gülümseyerek yanıtlar:

"Motosiklet!"

Bütünü görmek için bakış açınızı değiştirmelisiniz. Bizler olanca hızıyla yaşamda koştururken, sağımıza solumuza ve bazen de önümüzü bile göremeyebiliyoruz. Aslında hepimizin hedefleri beklentileri ve umutları vardır ve olmalılardır da.

Psikolojideki Gestalt teorisine göre bütünü görmek, parçaları görmekten daha iyidir. Çünkü parçalar, kişinin yanlış yorumlamalar yapıp, yanlış kararlar vermesine neden olurken; bütünü görüp genel bir kanıya varmak daha hızlı yol almasına olanak sağlar.

Bütüne bakmak, olayları değerlendirirken göz önünde bulundurmamız gereken en gerçekçi değerlendirmeyi yapmamızı sağlar, Olayın özü daima bütün içinde gizlidir. Bütün, yaşanmışlıkların tamamını kapsamaktadır.

Bazen karşımıza çıkan sorunlara sadece tek bir pencereden bakarak çözmeye çalışırız. Aslında sorunun çözümü çok kolay olmakla birlikte, sadece tek bir bakış açısı ve bazen de dar bir bakış açısı, sorunu daha karmaşık hale getirebilmektedir. Bunun için önce bakış açımızı değiştirebilecek esneklikte olmamız gerekiyor. Bakış açımızı değiştirebildiğimizde bütünü görebiliyor ve sorunun daha kolay bir şekilde çözebiliyoruz.

Bütünü görebilmek için esnek olmak gerekiyor. Esnek olabilince sistemi yönetebilecek konuma geçebiliyorsunuz.

Asıl olan gerçek zaman bu gündür. Aslında yaşam bir gündür; o da bu gündür. Bu konuda sizinle bir öykü paylaşmak istiyorum.

Bir gün hayatındaki engelleri aşamamaktan yakınan bir adam bilgenin yanına geldi ve:

"Efendim ben, önüme çıkan engellerin hiçbirini aşamıyorum. Ne yapmam gerekiyor?" diye sordu.

Bilge, adamı yanına aldı ve pencerenin önüne geldi. Camın üzerinde kanatlarını açmış ve çırpınan bir kelebek vardı. Dışarı çıkmaya çalışıyor ama devamlı camlara çarpıyordu. Bilge, kelebeğin çıkışını kolaylaştırmak için yavaşça camı açtı. Ama bu da işe yaramadı. Kelebek yine çırpınıyor ve cama çarpmaya devam ediyordu. Bunun üzerine bilge yanındaki adama döndü ve:

"Kelebek dışarı çıkması için gerekli olan tek yolun, şeffaf olduğu için dışarıyı gösteren, ama gerçekte kapalı olan camların olduğunu sanıyor... Oysa birazcık geri çekilip şöyle bir baksa, dışarı çıkması için kocaman bir camın açıldığını kolayca görecektir. Ne var ki, bütünü göremeyip sadece bir noktaya odaklandığı için, kendisini odanın içinde tutsak kalmaya mahkûm etmektedir. İşte hayat ta böyledir. Bazen önümüze aşılmayacak engeller çıkar ve hayatı bize hayatı dar eder. Bu durumda yapılması gereken şey, bir adım geri çekilmek ve sakin bir kafa ile çıkış yolunu aramaktır."

Bizler de günlük yaşamda bazen sorunların karşısında bir adım geriye çekilerek bakış açımızı değiştirmek için bütüne odaklanabilirsek, sorunlarımızın çözümü daha kolay olabilecektir

B- FARKINDALIK GELİŞTİRİCİ SORULAR

1. PASTA MUMLARI

Bir pastanın üzerinde 12 mum yanıyor. 8 tanesini söndürürseniz kaç mum kalır?

2. FARKI FARK ETMEK

Aşağıdaki cümlede kaç tane 'f' vardır?

Farkı fark etmek
fark yaratır
ve
insanı farklı kılar.

3. NOKTASIZ 'İ'

- İhtiyaç
- İstek
- İtimat
- İnanç
- İrade
- Iltifat

Yukarıdaki kelimelerin baş harflerinden hangisi noktasız i'dir?

4. ÜÇ YANLIŞ NEREDE?

"BU CÜMLEDE ÜC YALNIŞ VARDIR."

Yukarıdaki cümledeki üç yanlışı bulun.

5. GECE BEKÇİSİ

Bir benzin istasyonu vardır, bir de gece bekçisi. Bekçi aynı zamanda benzin pompacısıdır. Bekçi sabahleyin patronu ile karşılaşır. Patrona şöyle der:

"Dün gece rüyamda benzin pompalarından birinin benzin akıttığını gördüm, bu akıntı büyük bir patlama yarattı, patlamada da ben uyandım."

Patron rüyaya şüphe ile bakar, ama pompaları da kontrol etmeyi ihmal etmez. Görür ki gerçekten pompaların birinde sızıntı var. Acele ile pompanın vanasını keser, sızıntıyı durdurur; sonra da geri gelip kendisine haber veren bekçiyi işten atar? Neden?

6. İKİZLER

Aynı gün, aynı saatte, aynı anne ve babadan doğan Ahmet ile Mehmet ikiz değildir. Bu nasıl olur?

7. DİŞ FIRÇASI

Sağır ve dilsiz bir adam eczaneye gider ve elleriyle diş fırçası ister. Peki, kör bir adam nasıl diş fırçası ister?

8. YOLCU OTOBÜSÜ

Bir yolcu otobüsü saatte 100 km hızla Ankara'dan İstanbul'a yola çıkıyor. Aynı anda ise başka bir otobüs İstanbul'dan Ankara'ya saatte 50 km hızla yola başlıyor. Yol üzerinde karşılaştıklarında hangisi Ankara'ya daha yakındır?

9. NÜFUS KAYDI

Bir köyle ilgili nüfus kayıtları incelenmektedir. Ahmet isimli kişinin kayıtlarına bakıldığında bu kişinin Mehmet adlı ölmüş bir kardeşi olduğu görülmektedir. Mehmet adlı ölmüş kardeşinin kayıtlarına bakıldığında ise kardeşi olmadığı görülmektedir. Her iki kayıtta da yazılanlar doğru olduğuna göre, durumu nasıl açıklarsınız?

10. KURT-KUZU-OT

Adamın biri yanında bir kurt, bir kuzu ve bir çuval otla nehirden karşıya geçmek ister. Ne var ki kayık, ancak kendisiyle bu üç şeyden birisini taşıyabilecek durumdadır.

Adam yanında otları götürse, kurt, kuzuyu yiyecektir. Adam kurdu götürse, kuzu, otları yiyecektir.

Kuzuyla, otun güvenliği, adamla birlikte olmalarına bağlıdır.

Gelin görün ki, adam kayığıyla kurdu da, kuzuyu da, otu da karşıya geçirmeyi başarır. Adam bu işi nasıl yapmıştır?

11. AHMET'İN BABASI

Ahmet'in babasının adı Ata, soyadı Türk'müş. Bu adam Atatürk'ü çok severmiş. 4 Tane oğlu olmuş oğullarının isimlerini sırasıyla şöyle koymuş:

1.Gazi 2.Mustafa 3...... 4.Paşa

Üçüncü oğlunun ismi nedir?

12. 1. DÜNYA SAVAŞI

Bir genç, antika meraklısı bir adama gider ve elindeki gazetenin, 1. Dünya Savaşı'nın bittiği günden kalma orijinal bir gazete olduğunu söyleyerek gazeteyi ona satmak ister. Adam dikkatlice gazeteyi inceler. Gazetede, Çanakkale Savaşı'ndaki kahramanlıklarımızdan bahsedilmekte ve 1. Dünya savaşının bittiği tarih yazmaktadır. Gazetenin manşeti şöyledir:

1. DÜNYA SAVAŞI BİTTİ!

Ancak antika meraklısı adam, gazetenin sahte olduğunu anlar...

Acaba bunu nasıl anlamıştır?

13. DOĞUM GÜNÜ

60 yaşındaki bir adamın kaç tane doğum günü vardır?

14. GECE KİTAP OKUMAK

Selim Bey, her gece uyumadan evvel yatağında kitap okumayı çok sevmektedir. Yine bir gece kitabını okurken aniden elektrikler kesilir. Bununla birlikte Selim Bey, kitabını gayet rahat bir şekilde okumaya devam eder. Sizce bu nasıl olur?

15. BAŞBAKANIN KARDEŞİ

Ülkemizin 19. ve 23. başbakanları aynı anne ve babadan olmasına karşın kardeş değillerdir. Bu durumu nasıl açıklayabilirsiniz?

16. ŞOFÖRÜN KARDEŞİ

Ankara'daki bir şoförün Belçika'da yaşayan postacı bir erkek kardeşi var. Ancak Belçika'daki aynı postacının Ankara'da yaşayan şoför bir erkek kardeşi yok.

Bu nasıl olabilir?

17. TARİHİ HEYKEL

Bir arkeoloji öğrencisi, çevresindekilere yaptığı kazıları anlatıyordu. Bir ara şöyle dedi: "Günlerce süren kazının sonunda, yirmi metrenin altına inmiştik. Nihayet bir gün, bir yıkıntının içinde som altından bir heykel buldum. Üzerindeki tozu silip de M.Ö. 600 tarihini okuyunca gözlerime inanamadım."

Topluluktan birisi; "Bu adamın şimdiye kadar bize anlattığı her şey yalan!" dedi ve çıkıp gitti. Diğerleri de bir şey anlayamamıştı. Sizce, arkeoloji öğrencisi gerçekten yalan mı söylüyordu?

18. SİNCAPLAR VE CEVİZLER

Beş sincap, beş dakikada, beş cevizi yiyebiliyor. 100 dakikada, 100 cevizi en az kaç sincap yer?

19. SEN NE YAPARDIN?

Bir akıl hastanesini ziyareti sırasında, doktorun arkadaşı sorar:

"Bir insanın akıl hastanesine yatıp yatmayacağını nasıl belirliyorsun?"

Doktor: "Bir küveti su ile dolduruyoruz. Sonra hastaya üç şey veriyoruz."

Bir kaşık, bir cezve ve bir kova. Sonra da kişiye küveti nasıl boşaltmayı tercih ettiğini soruyoruz. Peki, sen olsan ne yapardın?"

Adam: "Normal bir insan kovayı tercih eder. Çünkü kova kaşık ile cezveden büyüktür.

"Hayır!" der doktor. Ve doğru cevabı söyler.

Acaba doktor arkadaşına ne demiş olabilir?

20. 3 HAP

Doktorunuz size 3 hap verir ve bunları yarımşar saat arayla almanızı tavsiye ederse, ilaçların tamamını bitirmeniz ne kadar sürer?

21. AYLAR

Bazı aylar 31, bazıları 30 çeker; kaç ayda 28 gün vardır?

22. KOYUNLAR

Bir çiftçinin 17 koyunu vardı. Sürüde salgın hastalık oldu, dokuzu ağır hastalandı, diğerleri öldü. Çiftçinin kaç koyunu var?

23. GUGUKLU SAAT

Gece saat sekizde yatıyorum ve yatarken guguklu saatimi sabah dokuza kuruyorum. Kaç saat uyurum?

24. KAÇ HAYVAN?

Hz. Musa, gemisine her hayvandan kaçar adet aldı?

25. KAÇ ELMA?

3 elma vardı, ikisini aldım. Kaç elmam var?

CEVAPLAR

1. PASTA MUMLARI

Burada dikkat etmemiz gereken şey şu: Biz, pastanın üzerindeki 8 mumu sadece söndürüyoruz, onları imha etmiyoruz. Dolayısıyla 8 mumu söndürsek bile, pastanın üzerinde hâlâ 12 mum yerinde durmaktadır.

2. FARKI FARK ETMEK

Dikkat edersek, soruda "kaç tane f harfi var?" denmiyor. Sadece "kaç tane 'f' vardır?" diye soruluyor.

Harflerin sayısı 4'tür. Ancak 'f' 3 tane vardır. Dolayısıyla sorunun cevabı 3'tür. Çünkü diğer harf 'f' değildir, 'F' dir.

3. NOKTASIZ 'İ'

Noktasız **'İ'** harfi yoktur. Noktasız olan **'I'**dır.

4. ÜÇ YANLIŞ NEREDE?

1. Yanlış: 'ÜC' yerine 'ÜÇ' olacaktı.

2. Yanlış: 'yanlış' değil, 'yanlış' olacaktı.

3. Yanlış ise: 'yalnışı'ı 'yanlış' yaptık ama 'yanlış' kelimesinin kendisi de bir adet 'yanlış'tır.

Dolayısıyla 3 adet 'yanlış'ı da bulmuş olduk.

5. GECE BEKÇİSİ

Çünkü gece bekçisi, gece uyumuş ve vazifesini yapmamıştır.

6. İKİZLER

Aynı gün, aynı saatte, aynı anne babadan olanlar hep ikiz olmak zorunda mıdır sizce? Azıcık düşünürsek, bunların ikiz değil, ama üçüz olabileceğini keşfederiz.

7. DİŞ FIRÇASI

Kör adam, konuşabildiği için doğrudan diş fırçası istediğini söyler.

8. YOLCU OTOBÜSÜ

Yol üzerinde karşılaştıklarında her ikisi de Ankara'ya eşit uzaklıktadırlar.

9. NÜFUS KAYDI

Ahmet doğmadan önce kardeşi (yani abisi) ölmüştür.

10. KURT-KUZU-OT

Adam önce kuzuyu götürür. Sonra döner otu götürür ama geri dönerken kuzuyu geri getirir. Sonra kuzuyu bırakır ve kurdu götürür. Sonra geri döner ve tek kalan kuzuyla beraber karşı kıyıya çıkar.

11. AHMET'İN BABASI

Üçüncü oğlunun ismi Ahmet'tir.

12. 1. DÜNYA SAVAŞI

2. Dünya Savaşı'nın olacağı bilinmeden, bu savaşa nasıl 1. Dünya Savaşı diyebiliriz?

13. DOĞUM GÜNÜ

Herkesin 1 tane doğum günü vardır.

14. GECE KİTAP OKUMAK

Selim Bey görme engellidir ve Braille alfabesine göre kabartma harflerden oluşan bir kitabı okumaktadır.

15. BAŞBAKANIN KARDEŞİ

Ülkemizin 19. ve 23. Başbakanları aynı kişidir.

16. ŞOFÖRÜN KARDEŞİ

Ankara'daki şoför, Belçika'daki postacının kız kardeşidir.

17. TARİHİ HEYKEL

Evet, yalan söylüyor! Heykelin üzerinde öyle bir tarih olamaz. Tarih milatla, yani İsa'nın doğumuyla başlatıldığı için, milat öncesi zamanlarda bizim yaptığımız gibi bir tasnif yoktu.

18. SİNCAPLAR VE CEVİZLER

Yine 5 sincap yer. Çünkü ceviz sayısı artıyor ama verilen süre de aynı oranda artıyor.

19. SEN NE YAPARDIN?

Küvetin tapasını çekerek küvet tamamen boşaltılır.

20. ÜÇ HAP

Bir saat. Birinci hapı yuttunuz; yarım saat sonra 2.yi ve yarım saat sonra da 3. yü... Toplam 1 saat eder.

21. AYLAR

Tüm aylarda 28 gün vardır.

22. KOYUNLAR

9 canlı koyun.

23. GUGUKLU SAAT

Guguklu saatler gece gündüz ayrımı yapmadığı için sadece 1 saat uyursun.

24. KAÇ HAYVAN?

Sıfır adet. Çünkü gemisine hayvan alan Nuh Peygamber idi...

25. KAÇ ELMA?

2 elmanız var.

BÖLÜM 5

A- MATEMATİKSEL ZEKÂYI GELİŞTİRME

Matematiksel zekâsı gelişmiş insanlar, mantık kurallarına ve benzerliklerine, neden-sonuç ilişkilerine ve bunlara benzer soyut işlemlere karşı çok hassas ve duyarlıdırlar. Bu kişiler kategorilere veya sınıflara ayırarak, genelleme yaparak, hesaplayarak, mantık yürüterek ve soyut ilişkiler üzerinde çalışarak iyi şekilde öğrenirler. Mantıksal/Matematiksel zekâsı kuvvetli bir öğrenci;

1. Olayların oluşumu ve işleyişi hakkında çok soru sorar.
2. Soyut ve kavramsal düşünebilir.
3. Bilgiler arasında bağlantılar kurar.
4. Güçlü bir muhakemesi vardır.
5. Satranç ve briç gibi oyunları oynamaktan zevk alır.
6. Matematiksel problemleri kafasında kolayca ve çabucak çözer.
7. Matematik dersini sever. Matematiksel hesaplama oyunlarını ilginç bulur.

8. Mantıksal bulmacaları çözmeyi ve satranç veya dama gibi stratejik oyunları oynamayı sever.

9. Olayları ve nesneleri kategorilere ayırmayı veya onları hiyerarşik olarak düzenlemeyi sever.

10. Yüksek düzeyde bilişsel düşünme becerisi içeren deneylere katılmayı sever.

11. Yaşıtlarına kıyasla soyut düşünebilme ve sebep-sonuç ilişkisi kurabilme kabiliyetleri çok iyi gelişmiştir.

Matematiksel zekâmızın ilk gelişim aşaması; çevremizdeki gerçek fiziksel dünyada bulunan somut nesneleri kullanmamız ve onlarla oynamamızla başlar. Mantıksal/matematiksel zekâ geliştikçe daha da soyutlaşır. Lisedeki ya da üniversitedeki ileri matematik ve mantık dersleri çoğunlukla somut dünyadan tamamen uzaklaşırlar. O düzeyde diğer soyut şeyler hakkındaki soyut düşüncelerle ve başka sembol sistemleri için semboller yaratan sembolik mantıkla uğraşırsınız. Bu alanlarda sayıların somut dünyada herhangi bir şeyle ilişkilendirilmeye gerek duymadan ideal soyutlamalar olarak tek başlarına durduklarını fark edeceksiniz. Aslında bu noktada bazı matematikçilerin ve düşünürlerin "saf matematik" ya da "sembolik mantık" dedikleri durumda rasyonel modellere, uyumlu tasarımlara ve mantıksal/analitik işlemlere derin hayranlık duyulur hatta zaman, zaman kafa takılır. Pratik düşünceler ve uygulamalar modellerin tamamıyla estetik güzelliğine yol verirler.

Mantıksal/matematiksel zekânızı daha iyi keşfetmek için aşağıdaki alıştırmaları yapabilirsiniz:

1. Bir hafta boyunca işe ya da okula gidip giderken kaç farklı türde model bulabildiğinize bir bakın. Her gün farklı bir küme üzerinde yoğunlaşın: Örneğin bir gün dikkatinizi trafiğe verin ve bir desen ya da model görüp görmediğinize bakın. Bir sonraki gün, doğal ve insan eliyle yaratılmış ortamlara odaklanın. Ne tür modeller görüyorsunuz? Belirli türdeki arabalarda bulunan kişilerin belirli bir giyinme biçimi var mı? Ya da saç stillerinde, giysilerinin renklerinde ya da stillerinde baskın olan bir yön var mı? İnsanlar arasındaki ortak ya da zıt yönlere baktığınızda bir model görüyor musunuz? Başka bir gün duyduğunuz sesler üzerinde yoğunlaşın: insanların konuşma biçimleri olması (ya da olmaması), trafikte duyduğunuz ses motifleri ya da çevrenizde duyduğunuz diğer sesler...

2. İşte ya da okulda geçirdiğiniz iki hafta boyunca bulabildiğiniz her tümevarımsal ve tümdengelimsel modeli kaydettiğiniz iki liste yapın. Tümevarımsal modeller parçadan bütüne doğru giderler. Bu modeli az bir bilgiyle genellemeler yapıldığını her görünüşünüzde fark edebilirsiniz (çalışanlar arasında yapılan bir araştırmaya ya da ankete göre yapılan yeni bir politika gibi). Tümdengelimsel modeller ise bütünden parçalara göre giderler. Belirli davranışları, politikaları ve işlemleri dikte ettiren birbirine bağlı değerlerde, inançlarda ve düşüncelerde bu modeli görebilirsiniz. Bu iki haftanın sonunda listenizi inceleyip çalışma ortamınızın tümevarımsal bir model mi yoksa tümdengelimsel bir model mi oluşturduğuna karar verin.

3. Boş bir kâğıda iki sütunlu bir tablo yapın. İlk sütuna *Düşünme Modelleri*, ikinci sütuna ise *Durumlar* adını verin. Birkaç gün boyunca normal günlük çalışmalarınız sırasında kullandığınız farklı mantıksal düşünme modellerini ve bu modelleri genelde hangi durumlarda kullandığınızı yazın; örneğin *Öncelikleri Belirleme Modeli, Sınıflandırma Modeli, Tahmin Etme Modeli, So*run Çözme Modeli, Seçenekleri Gözden Geçirme Modeli ve benzeri gibi...

4. Birkaç gün süresince yaşamınızın parçası olan farklı modelleri bulun ve not edin. Açık seçik görülenleri, beklenilenleri ve olağandışı durumları yazın; örneğin telefon kartınızı ya da kredi kartınızı kullanma, banka hesaplarınızı yönetme gibi. Masanızdan lavaboya, park yerine ya da fotokopi makinesine kaç adımda gidiyorsunuz? Gün içinde işinizi yaparken kaç kere ara vermek zorunda kalıyorsunuz? Kaç kişinin giydiği giysi aynı renkte? İnsanların birbirleriyle konuşmalarında kaç kere aynı ya da benzer konuşma tarzlarını duyuyorsunuz?

5. Hafta boyunca bir sorunu giderdiğinizde, zor bir işin üstesinden geldiğinizde ya da beklenmedik bir başarı sağladığınızda bir an durup izlediğiniz adımları not edin. Hafta sonunda listenize bakıp sorun çözme modelinizi özetleyip özetleyemediğinize bir bakın. Şimdi süreç içindeki her bir adımı 1 ile 4 arasındaki bir sayıyla değerlendirin: 1, "çok etkili", 2, "genellikle işe yarar", 3, "ödül kazandıracak bir yöntem değildir ama çoğu durumda işime yarar", 4 ise "ciddi şekilde yenilenmesi gerekiyor" anlamına gelir.

6. Gün içinde birçok kez normal gününüzün parçası olan garip ya da ilgi çekici şeylerle ilgili hesaplar, tahminler ve ölçümler yapın. Örneğin bölümünüzün kaç yıllık bir iş tecrübesine sahip olduğunu ya da iş yerinizdeki insanların kullandığı garajın üç günde ne kadar kazandığını hesaplayın. Her gün kaç fincan kahve tüketildiğini tahmin edin. Masanızın uzunluğunu ve genişliğini kalemlerle, şeker paketleriyle ya da karış hesabınızla ölçün. Bunu bir oyun haline getirin. Her gün hesaplayabileceğiniz, tahmin edebileceğiniz ya da ölçebileceğiniz yeni ve ilginç bir şeyler bulun.

Her bir zekânın farklı boyutlarını tanımlayan temel işlemleri ya da özellikleri vardır.

Mantıksal/matematiksel zekânın temel özellikleri şunlardır:

- Soyut modelleri tanıyabilme
- Tümevarımsal sonuç çıkarmalar
- Tümdengelimsel sonuç çıkarmalar
- İlişkileri ve bağıntıları fark edebilme
- Karmaşık hesaplamalar yapabilme
- Bilimsel düşünebilme ve araştırma yapabilme

Harika Bir Hafıza İçin Öneriler

Hepimiz hafızamızdan dert yanarız. Okuduklarımızı, duyduklarımızı unutmasak hayat çok daha kolaylaşacakmış gibi gelir bize. Uzmanlara kulak verecek olursak vitamin ve mineralce zengin besinler alırsak beynimiz daha hızlı ve etkili çalışıyor, daha güçlü bir hafızaya sahip oluyoruz. İşte hafızayı kuvvetlendirmenin ve böylece hayatı kolaylaştırmanın basit yolları:

1. Hafıza mineralleri: Vücutta demir ve çinko azlığı, belleği zayıflatır; çünkü hemoglobin azalır ve bu durumda beyne yeterince oksijen taşınmaz. Demir bakımından zengin olan karaciğer, yağsız sığır eti, kuzu eti, yumurta sarısı, koyu yeşil sebzeler, beyin, midye, ıspanak, soğan, arpa, marul, buğday ekmeği, kuru fasulye, elma, üzüm, domates, limon, portakal, şeftali, hurma, kuru erik, pekmez ve maydanoz ile çinko bakımından zengin olan yoğurt, ay çekirdeği, hindi sık tüketilmelidir.

2. C vitamini: C vitamini, demirin yiyeceklerden emilmesini kolaylaştırır. Bu nedenle iyi bir hafıza için C vitamini içeren turunçgiller, kivi, domates, patates, karnabahar, brokoli, kavun, çilek, incir, kırmızı ve yeşil biber tüketmek gerekir.

3. E vitamini: E vitamininin antioksidan olarak beynin etkin ve verimli kullanılmasına büyük katkıları vardır. Bitkisel yağlar, yerfıstığı, ay çekirdeği ve buğday E vitamini açısından zengin besinlerdir.

4. B vitamini: Kuru baklagiller, kırmızı et, ay çekirdeği, Balık, yoğurt, süt, peynir, yeşil yapraklı sebzeler, tavuk eti, hindi, yerfıstığı, muz, kavun, brokoli, ıspanak, domates, yumurta, kavun ve enginar gibi B grubu vitaminleri beyne giden oksijen miktarını artıran ve güçlü bir bellek kazandıran besinlerdir.

5. Badem: Her gün 7-8 adet badem yiyin. Bunun yanında bir gece boyunca suda beklettiğiniz 7 adet bademin kabuğunu soyun ve bir bardak süt içinde kaynatın. Bu sütü günlük olarak tüketin.

6. Böğürtlen: Böğürtlen yüksek miktarda antioksidan içerdiği için beynin keskinleşmesi için birebirdir.

7. Zihin egzersizi: Zihnini aktif tutanlarda bellek daha kuvvetlidir.

8. Biloba: Aynı adlı ağaçtan elde edilen madde, damarları açıp beyne daha fazla oksijen taşır.

9. Tarçın ve bal: Her gece düzenli olarak bir çay kaşığı bal içine eklenmiş tarçın yemeyi unutmayın.

10. Kimyon ve bal: Yarım çay kaşığı kimyonla bir miktar balı karıştırarak günde iki defa tüketmeye çalışın.

11. Vücut egzersizi: Stres hafızayı zayıflatır. Haftada üç kez yarım saatlik egzersiz ise stresi azaltırken hafızanızı da güçlendirir.

12. Şifalı karışım: 1 çay kaşığı susam tohumu, portakaldan 30 kat fazla C vitamini içeren amla kökü tozunu ve balı karıştırarak birkaç günde bir yiyin. Hafızanızın kısa zamanda kıvraklık kazandığını göreceksiniz.

13. Kahve: Kafein zihin performansını, hafıza ve konsantrasyonu artırır.

14. Adaçayı: Adaçayı, zihin yorgunluğu için en iyi çaredir. Adaçayı familyasından limonun yağından elde edilen esansın da konsantrasyonu artırdığı bilinmektedir.

15. Yağlı balık eti: Haftada üç kez yağlı balık veya üç gün 330 mg. balık yağı hapı, hafızayı güçlendiren 'Omega 3' yağ asitlerinin alınması için yeterlidir.

16. Sakız çiğnemek: Sakız çiğnerken beynin öğrenme, bilgi depolama ve hafızadan sorumlu tutma 'hippocampus' bölümü daha iyi çalışır.

17. Soya: Soyadaki doğal östrojen hafızanın gelişmesi için birebirdir.

Beyin Gücünüzü Ele Geçirmenin 12 Sırrı

Yaşı ilerlese de beyin gücünden hiçbir şey kaybetmemeyi, mükemmel bir hafızaya sahip olmayı kim istemez! Araştırmalar sağlıklı bir beynin kendini yenilediğini gösteriyor. Bu konuda bize düşen ise ona iyi bakmak ve yaşlanmasını önleyecek egzersizleri yapmayı ihmal etmemek. Unutmayın, işleyen demir ışıldar. Durmayın, beyninizi işletmeye bakın! İşte beyin gücünüzü ele geçirmenin 12 sırrı:

1. Sabahları stres seviyesi doruktadır. Bunun için güne 10-20 dakika kadar süreyle yoga, meditasyon ve derin nefes alıp verme teknikleri uygulayarak başlayın.

2. Haftada 3 kez yarım saat yürümek hafızayı güçlendiriyor. Düzenli egzersiz yapan çocukların sınavlardaki ve hafıza testlerindeki başarısı yüzde 15 artıyor. Bunun nedeni de beyne bol oksijen gitmesi. Ayrıca egzersiz sırasında salgılanan hormonlar yeni beyin hücreleri yapılmasını tetikliyor.

3. Zekânızı yoğun olarak kullanmak durumunda olduğunuzda klasik müzik dinleyin. Mozart gibi klasik müzik bestecilerinin eserlerini günde en az bir kere sakin bir ortamda dinlerseniz özellikle 'zihinde imaj canlandırma' konusunda başarılı oluyorsunuz. Ayrıca Mozart dinleyenlerin hafıza testlerinde daha başarılı oldukları görülüyor. Çünkü Mozart besteleri kompleks bir yapıya sahip.

4. Öğrendiklerinizi kalıcı bilgiye dönüştürmek için günde 8 saat uyuyun. Ancak aşırıya kaçmayın. Fazla uyku beyin gücünüzü yavaşlatıyor.

5. Stratejiye dayalı tüm oyunlar, problem çözmede ve kritik düşünme yeteneğini geliştirmede yararlı. Kelimelerden veya resimlerden oluşan yap-bozlar veya bilmeceler büyüseniz de beyin jimnastiği için harika birer seçenek.

6. Uzmanlara göre, objeleri ilgili boşluklara yerleştirmeye ilişkin oyunlar çağrışım yeteneğini bir hayli geliştiriyor. Tetris, bu oyunlardan biri. Bu oyunda geometrik şekilleri birbirine uygun olarak konumlandırmanız gerekiyor. Tetris tutkunları görev başına…

7. Beyin hücrelerini aktif ve tetikte tutmak adına, haftada en az 5 kez 20'şer dakikalık aerobik türü egzersizler yapabilirsiniz.

8. Çapraz bulmaca çözmek, kelime hazinemizi geliştirmenin en kolay yöntemlerinden biri. Yeni öğrendiğiniz bir kelimeyi unutmamak için günlük çapraz bulmacalar tam size göre!

9. Portakal suyu ve fasulye gibi gıdalarda bulunan folat vitamininden bol bol alın. Sakin bir hayat yaşayın ve sigara ile içkiden uzak durun. ABD'deki Notre Dame Rahibe Okulu'nda kalan rahibeler böyle bir hayat sürüyorlar. Yaşları 75-107 arasında değişen rahibelerin birkaçı dışında ise hiçbirinde Alzheimer ya da diğer yaşlılık hastalıkları görülmüyor.

10. Çok sayıda nesne ya da kavramı aklınızda tutmak için sınıflandırma yapın, kategorize ederek düşünün. Mesela alış-veriş listesini süt ürünleri, sebzeler, çocuklar için abur-cubur, et ürünleri şeklinde sınıflandırabilirsiniz. Böylece listeyi beyninizde organize etmiş olursunuz.

11. Görsel imajlar, isimleri anımsatmada eşsiz araçlar değerinde. Yeni tanıştığınız bir kişinin ismini duyduğunuzda, o kişiyi görsel bir mekan içinde tanımlayarak beyninizde bir cümle kurun. Örneğin, Merve isminde biriyle tanıştıysanız, "Merve çiçekleri seyrediyor." gibi basit bir cümle uydurabilirsiniz. Bunu birkaç kez tekrar ettiğinizde çiçek Merve'ye dönüşecektir. Böylece beyninizde çiçek Merve'nin lakabı olarak kodlanır ve ismi daha kolay hatırlarsınız.

12. Gün içinde öğrendiğiniz her şey uyurken beyninizde işleniyor. Araştırmalara göre, yeni bir bilgisayar oyununu 2 saat oynayıp uyuyan bir kişi kalktığında birçok hileyi öğrenmiş oluyor. Bu sonuç, sınava hazırlanan kişilerde de görülüyor. Bu da demek oluyor ki, öğrenmek istediğimiz bilgileri gece yatmadan önce tekrarlamalıyız.

Ginkgo Biloba: Çinlilerin Kutsal Bitkisi, Harika Beyin Kuvvetlendiricisi

Ginkgo Biloba (Japon eriği) isimli bitki yeryüzündeki geçmişi 150 - 200 milyon yıl olan Gingkgo Biloba ağacından (mabet ağacı) elde ediliyor. Bu ağaç, dünyada yaşayan en eski ağaç türü olarak biliniyor. Sayısız yararı nedeniyle Çinliler tarafından kutsal bitki olarak kabul ediliyor. Uzmanlara göre eşsiz bir antioksidan.

Başta beyin fonksiyonları olmak üzere vücudun genel sağlığı için önemli bir destek ve beyin kuvvetlendirici olarak da tanımlanıyor. Çünkü belleği güçlendiriyor. Ayrıca, beyindeki oksijen seviyesini artırıyor. Yaşlanma etkilerini ve ruhsal yorgunluğu azaltıyor, nörolojik bozukluklara iyi geliyor.

Ginkgo Biloba'yı kuru yapraklar halinde satın alabilirsiniz. Ayrıca, bugün birçok vitamin ilacında da kullanılıyor.

B- ZEKÂ GELİŞTİRİCİ MATEMATİK SORULARI

1. KUMAŞÇI

Bir kumaşçı elindeki kumaşı yüzde 40 kârla satmak istiyor.

Fakat kumaş ölçmek için kullandığı tahtadan metre yanlış kalibre edilmiştir ve kumaşçı yüzde 40 yerine yüzde 39 kâr etmiştir.

Elindeki tahta ölçü metresinin gerçek uzunluğu nedir?

2. NE KADAR?

Sûde bir dükkândan 4 parça eşya aldı.

Dükkân sahibinin hesap yaparken sayıları toplayacağı yerde çarptığını gördü.

Onu uyardığında adam patavatsızca; "Toplasam da aynı sonuç; yan, 7,11 dolar olacaktı!" dedi.

Sûde'nin aldığı eşyaların fiyatları neydi?

3. BEŞ KÂĞIT

Elinizde 5 kâğıt var.

Bir kâğıdı 5'e bölüyorsunuz.

Elde ettiğiniz parçalardan yalnızca birini yine 5'e bölüyorsunuz.

Bu küçük parçalardan herhangi birini yine 5'e bölüyorsunuz.

Bu böyle sürüp, gidiyor...

Bu kurala uyarak, sonunda 1980 kâğıt parçası edebilir misiniz?

4. AKREP-YELKOVAN

Ahmet, yeni bir kol saati aldı ve bir müddet sonra gördü ki, saatin akrep ve yelkovan kolları her 65 dakikada bir üst üste geliyor.

Bu saat hızlı mı, yavaş mı, normal mi çalışıyor?

Eğer bir fark varsa bu, saatte kaç saniyedir?

5. SAYIMIZ

Beş basamaklı sayımız var.

İlk rakam, son iki rakamın toplamına eşittir.

İkinci rakam, ilk rakamın 2 katı ve aynı zamanda dördüncü rakamın da 3 katıdır.

Beş rakamın toplamı 17 ise, sayımız nedir?

6. 2 BEYAZ, 2 SİYAH

Bir evdeki kokteylde 5'i zenci, 20'si beyaz, toplam 25 kişi bulunmaktadır. Bu kokteyl sırasında bir yangın çıkıyor ve herkes panik içinde sokağa fırlıyor. Bir süre sonra son çıkan iki kişinin evdeki mücevherleri soyduğu anlaşılıyor.

Fakat karanlıktan dolayı yüzlerinin renkleri fark edilemiyor. Hırsızlığı iki zencinin yapması olasılığı mı, iki beyazın yapması olasılığı mı daha büyüktür?

Bu olasılıklar ne kadardır?

7. KAYIP SAYFALAR

Bir kitaptan belli bir sayıda sayfa eksilmiştir.

Eksilen sayfaların (art arda sayfalar) sayfa numaraları toplamı 9808 ise hangi sayfalar eksiktir?

8. RAKAMLAR

8 basamaklı bir sayıda iki adet 1, iki adet 2, iki adet 3 ve iki adet 4 rakamı bulunmaktadır.

1'ler arasında bir rakam,

2'ler arasında iki rakam,

3'ler arasında üç rakam ve

4'ler arasında 4 rakam bulunduğunu söylersek, bu sayıyı bulabilir misiniz?

9. KRAL YOLU

Bir ortaçağ kralı, yaklaşan savaşa nasıl adam toplayacağını bulmak zorundaydı. Ancak şatonun etrafında çok fazla dikkat dağıtan şey vardı ve düşünceleri dağıldı. Kafasındaki sersemliği atıp rahatça düşünebilmek için sakin bir yürüyüş yapmak istedi.

Böyle bir yürüyüş yeri oluşturmak için bahçıvana sıra sıra çalı dikme görevi verildi. O da önce doğuya doğru 100 adım devam eden bir sıra çalı dikti. Sonra hep son kaldığı yerden devam ederek kuzeye doğru 100 adım, batıya doğru 100 adım, güneye doğru 98 adım, doğuya doğru 98 adım, kuzeye 96 adım, batıya 96 adım ve saat yönü tersine ikinci kez 90 derece döndüğünde hep ikişer adım azalta azalta çalı dikmeye devam etti. Böylece 2 adım genişliğinde ve kare sarmal şeklinde bir yol yaptı.

Eğer Kral, bu yolun ortasına kadar yürümek isterse kaç adım atacaktır?

10. MERDİVENLER

Siz ve arkadaşınız yukarıya doğru hareket eden bir yürüyen merdivendesiniz.

Ancak işiniz acele olduğu için merdivenlerde durmak yerine ikiniz de basamakları çıkıyorsunuz.

Arkadaşınızın çıkış hızı sizinkinin 3 katı.

Arkadaşınız üst kata vardığında -son basamak dâhil-toplam 75 basamağa basmış oluyor.

Siz üst kata vardığınızda ise toplam basamak sayınız 50 oluyor.

Yürüyen merdivenin kaç basamağı olduğunu bulunuz.

11. NEHRİN GENİŞLİĞİ

Sabit hızla hareket eden iki güvenlik botu, bir nehrin iki yakası arasında seferler yapmaktadır.

Karşılıklı kıyılardan aynı anda hareket eden iki bot ilk kez yan yana geldiklerinde birinci kıyıya 750 m. uzaklıktadırlar. Yollarına devam edip karşılarındaki kıyılara varırlar ve geri dönerler. (Dönüşlerinde vakit kaybı olmadığını varsayıyoruz.) İkinci kez yan yana geldiklerinde ise diğer kıyıya 500 m. uzaklıktadırlar.

Nehrin genişliğini bulunuz.

12. PALİNDROMİK

Bir dijital saatte iki ayrı palindromik (tersinden de aynı sayıyı oluşturan) sayı arasındaki en kısa zaman nedir?

Örneğin, 12.21 ile 1.01 arasında 40 dakika var.

13. AUGUSTUS DE MORGAN

Agustus de Morgan 1864'te şöyle yazmıştı:

"X2 yılında X yaşındaydım."

De Morgan hangi yıl doğmuştu?

14. UÇAK VE RÜZGÂR

Bir uçak, 1.000 km'lik mesafeyi gidip geliyor.

Uçağın hızı saatte 500 km ise toplam yolu (2.000 km), 4 saatte gider.

Saatteki hızı 300 km olan bir rüzgâr çıksa uçağın uçuş süresini nasıl etkiler?

Not: Rüzgâr uçağın rotasındadır.

15. HANGİ SAYI SİLİNİR?

Bir çember etrafına belli bir yönde, sıra ile 1,2,3...2002,2003,2004 sayıları dizilmiştir.

Bir öğrenci önce 2 sayısını siliyor, sonra 3'ü atlayıp 4'ü siliyor, 5 i atlayıp 6'yı siliyor ve böylece birer atlamak sureti ile çember etrafında dönüyor.

En son hangi sayıyı siler?

16. TRENİN UZUNLUĞU

Bir tren istasyonunda iki kişi rayların hemen yanında sırt sırta vermiş bekliyorlar.

Tren yanlarından geçmeye başladığı anda trene paralel olarak birbirlerine aksi yönde koşmaya başlıyorlar.

Tren yönünde koşan 40 metre, aksi yönde koşan ise 30 metre koştuktan sonra trenin en son vagonunun arkasını yakalıyor.

İki kişinin hızlarının birbirine eşit ve sabit olduğunu biliyorsak trenin uzunluğunu hesaplayabilir miyiz?

17. ÇİT

Ahmet, bahçesinin çevresine çit çekiyordu.

Eşi: "İki direk arasını bir buçuk metre yapacağını söylemiştin, ancak daha geniş tutmuşsun." der.

"Senden de hiç bir şey kaçmıyor." diye cevaplar Ahmet.

"Dört direk çürük çıktı, onun için arayı 2,1 metre yaptım."

Acaba Ahmet'in çektiği çitin uzunluğu nedir?

18. OYUNCUNUN OYUNU

Bir masanın etrafında N sayıda oyuncu oturuyor.

Oyunu kazanan her oyuncu N lira alıyor.

Oyunu kazanan 20 lira aldığına göre toplam kaç oyuncu var?

19. TUT ELİMİ BIRAKMA

Bir yuvarlak masa etrafına 11 kişi rastgele oturuyor.

Bu 11 kişi arasında olan iki sevgilinin yan yana oturma olasılığı nedir?

20. ZİNCİR MEKTUP

Zincir mektup başlatıyoruz.

Dünya nüfusu 6 milyar olsaydı ve mektubu alan herkes bu mektubun 10 kopyasını daha önce mektup almamış 10 kişiye 1 hafta içinde dağıtsaydı, mektubun dünyadaki herkese ulaşması kaç hafta sürerdi?

21. MERDİVENLER

Her iki tarafı duvar olan bir sokakta 15 metre ve 20 metre uzunluğunda iki merdiven vardır.

Merdivenler, duvarların alt kısımlarından karşılarındaki duvarlara doğru çapraz bir biçimde uzanmaktadırlar.

Merdivenler birbirlerini yerden 5 metre yukarıda kestiklerine göre sokağın genişliği ne kadardır?

22. PENCERE VERGİSİ

Patagonya'da hükümet pencere vergisi koymayı planlıyormuş.

Buna göre 0,35 m^2 pencereler için 830 bin, 0,45 m^2 pencereler için 930 bin, 0,55 m^2 pencereler için 1 milyon 30 bin, 0,65 m^2 pencereler için de 1 milyon 130 bin lira vergi ödenecekmiş.

1 m^2 pencere için ödenecek vergi kaç liradır?

23. HESAP MAKİNESİ

Enes'in hesap makinesinin kapasitesi 7 hanedir.

0, 1, 2, 5 ve 8 rakamları hesap makinesinde baş aşağı okunduğunda da aynısını verir.

6 ve 9 rakamları da baş aşağı okunduğunda diğerini verir.

Tersten okunduğunda daha büyük bir sayıyı veren (Tam kareleri için de geçerli, yani sayıların ayrı ayrı tam kareleri de okunabilmeli) 0'dan büyük en küçük sayı hangisidir?

24. PİRAMİT

10

3 5 3

1 2 6 2 1

1 2 1 5 1 2 1

1 3 1 1 ? 1 1 3 1

Yukarıdaki piramitteki soru işaretinin yerine hangi sayının gelmesi gerektiğini bulunuz.

25. ÇÖLÜ AŞMAK

Adamımız, engin çölün sınırındaki şehre geldi. Şehirden jip satın alınabiliyor veya şoförüyle birlikte kiralanabiliyor. Her jipin deposu bir bidon yakıt alıyor ve her jipe ayrıca 9 bidon yedek yakıt konabiliyor. Jipler bir bidon yakıtla 90 km gidebiliyor. Bidondaki yakıtlar jipten jipe aktarılabiliyor, depodaki yakıt aktarılamıyor. Adamımız çölü geçmek için kendisi kullanmak üzere bir jip satın aldı ve 8 jip kiralaması gerektiğini hesapladı.

Çöl kaç kilometreydi?

26. KAÇ KİLOLAR?

Rejim yapan Elif ile arkadaşı Sûde tartılmak isterler. Biri 40 kg, diğeri 50 kg gelir. İkisi beraber tartılır; 90kg yerine 100 kg gelirler. Terazide bir hata vardır. Bunların gerçek ağırlığını bulabilirseniz Elif ve Sûde size teşekkür edecekler.

Not: Elif Sûde'den daha hafiftir.

27. BEŞİNCİ SAYI

Her biri üç basamaklı beş sayının toplamı 1342'dir. İlk dört sayı birbirini takip eden en küçük üç basamaklı sayılar olduğuna göre beşinci sayı kaçtır?

28. KUM SAATİ

Elinizde zaman ayarlayıcı olarak sadece 2 tane kum saati vardır. Bunlardan biri 7 dakikalık, diğeri de 11 dakikalıktır. Yapmayı düşündüğünüz deney, tam 15 dakika sürmektedir. Eğer zamanı uzatırsanız veya kısaltırsanız, deneyde istediğiniz verimi alamamaktasınız.

Bu iki kum saatini kullanarak bu deneyin zaman ayarlamasını nasıl yaparsınız?

29. YÜZÜCÜ

Bir yüzücü dalgalara karşı dakikada 3 m'lik bir hızla, dalgalar yönünde ise dakikada 9 m'lik bir hızla yüzmektedir. Bu yüzücü, kıyıdan belli bir mesafe açılıp kıyıya tekrar geri dönmüş ve bunu 20 dakikada yapmıştır. Yüzücü kıyıdan en fazla kaç metre açılmıştır?

30. GÜVERCİNLER

Bir grup güvercin ağaca üşüşmüş; bazıları üst dallarda tünemiş; bazıları da alt dallarda... Ağacın tepesinde bulunanlar, aşağıdakilere; "İçinizden biri şayet bize katılırsa, bizim topluluğumuz sizinkinin iki katı olacak! Ama bizden biri sizin topluluğunuza katılırsa eşit olacağız." demiş. Ne dersiniz, sizce ağaçta kaç güvercin var?

31. UZUN YOL

Ahmet, arkadaşı Hüseyin'i ziyarete giderken yolun beşte birine geldiğinde çocuk parkından, dörtte birine geldiğinde okulun önünden geçiyor. Çocuk parkına geldiğinde saat 11.30, okula geldiğinde ise 11.32 oluyor. Ahmet evden saat kaçta çıkıyor ve arkadaşı Hüseyin'in evine saat kaçta varıyor?

32. KOYUNLAR VE TAVUKLAR

Bir çiftlikte koyunlar ve tavuklar vardır. Kimin olduğuna bakmaksızın, hayvanların kafalarını ve ayaklarını sayıyoruz. Bulduğumuz sonuç; 22 kafa ve 70 ayak. Bu çiftlikte kaç tane koyun ve kaç tane tavuk vardır?

33. TABANA KUVVET

Bir kişi evinden işine otobüsle gidip, yürüyerek dönmesi 30 dakikasını alıyor. Hem giderken hem de dönerken otobüsü tercih etmesi, bu süreyi 10 dakikaya indiriyor. Bu kişi yürümeyi tercih etseydi ne kadar zamanda işine gidip dönecekti?

34. KİRALIK OTOMOBİL

Ünal Bey, 40 km mesafedeki şehre gitmek için otomobil kiralıyor. Yarı yolda iki arkadaşı daha biniyor ve son 20 km'yi birlikte gidiyorlar. Akşam da arkadaşlarıyla birlikte dönüyor ve arkadaşlarını aynı yerde indiriyor. Daha sonra Ünal Bey otomobili kiraladığı yere getiriyor ve 240 TL ödüyor. Ünal Bey ve arkadaşlarının masrafı mesafeye göre bölüşmeleri için kaçar lira vermeleri gerekir?

35. SINAV

Bir öğrenci, 60 soruluk bir sınava tabi tutuluyor. Doğru soru başına 1,75 TL kazanıyor. Bilemezse 1 TL kaybediyor. Sonuçta 50 TL kazandığına göre, bu öğrenci kaç soruya doğru cevap vermiştir?

36. BİR ADAM VE KIZI

Bir adam düz bir yolda köpeğini dolaştırırken uzaktan kızının kendisine doğru geldiğini görür. Köpek hemen kıza doğru koşmaya başlar ve kızın yanına varınca adama döner. Sonra tekrar daha yaklaşmış olan kıza doğru koşar. Adamla kız buluşuncaya kadar köpek bu şekilde koşmaya devam eder. Adamın kızı gördüğü zaman aralarında 1 kilometre olduğunu, her ikisinin de saatte 3 kilometre hızla yürüdüklerini ve köpeğin saatte 9 kilometre hızla koştuğunu bilerek köpeğin ne kadar yol kat ettiğini bulunuz.

37. İNCİ

Matematik öğretmeni İnci Hanım sınavda, in.ci çarpımını sormayı düşünür. Bilgisayarda soruyu yazarken, üsleri yanlışlıkla üste yazmayı unutur ve dört basamaklı inci sayısını elde eder. İşin ilginç yanı, sormak istediği çarpımın sonucu bu dört basamaklı sayıya eşittir.

in.ci = inci

Bu şartı sağlayan harflerin sayısal değerleri kaçtır?

38. YEDİ ARKADAŞ

Yedi arkadaşın her birinin cebindeki para diğerlerindekinden farklıydı. Her birinin cebindeki paranın, kendinden daha az parası olanınkine oranı tam bir sayıdır. Arkadaşların toplam parası 2879 liraydı.

Her bir arkadaşın parasını hesaplayınız.

39. ARDIŞIK TOPLAM

2000 yılı:

2000 = 398+399+400+401+402

Şeklinde ardışık tamsayıların toplamı şeklinde yazılabilir.

2001 yılı ise:

2001=1000+1001

Şeklinde yazılabilir.

Yeni bin yılda, bir yıl hariç 2000'den 2999'a kadar her yıl, ardışık sayıların toplamı şeklinde yazılabilir.

Hangi yıl ardışık sayıların toplamı şeklinde yazılamaz?

40. 1'DEN 9'A HARFLER

A, B, C, D, E, F, G, H, I, harfleri; 1, 2, 3, 4, 5, 6, 7, 8, 9 sayılarından birine eşittir.

A+B+C = C+D+E = E+F+G = G+H+I = 13 ise;

Yukarıdaki eşitliği sağlayan çözümleri bulunuz.

(8 farklı çözüm vardır.)

CEVAPLAR

1. KUMAŞÇI

Kumaşçı kumaşının metresini 1 liradan almış olsun. Ölçü metresinin gerçek uzunluğu L metre ise kumaşçı 1 metre yerine L metre satmış olur. Bu satışın maliyeti L liradır. L metre kumaşı 1,40 liraya satmıştır.

Kar oranı (1,4 - L) / L = 39 / 100.

Buradan L=1,0071 bulunur.

Ölçü, metresi binde 7 kadar daha uzun, yani 1 metreden 7 milimetre daha fazladır.

2. NE KADAR?

1,20 $ -1,25 $ -1,50 $ -3,16 $

3. BEŞ KÂĞIT

Kâğıt parçalarının sayısını veren formül 4n+1'dir.

1, 4x1+1=5, 4x2+1=9, 4x3+1=13 ...

1980 sayısı 4n+1'e uymadığından dolayı 1980 parça elde edilemez.

4. AKREP-YELKOVAN

Normal çalışan bir saatte akrep ve yelkovan kolları 12/11 saatte bir üst üste gelir.

Ahmet'in saatinin kolları ise 65 dakikada (13/12 saatte) bir üst üste geliyor. Buna göre Ahmet'in saati (12/11) / (13/12) = 144/143 kat daha hızlı. Bu da saat başına 1/143 saat = yaklaşık 25 saniye daha hızlı olduğunu gösterir.

5. SAYIMIZ

36521

6. 2 BEYAZ, 2 SİYAH

Hırsızın 2 zenci olma olasılığı: 5/25 x 4/24 = 0,003

2 beyaz olma olasılığı: 20/25 x 19/24 = 0,63

7. KAYIP SAYFALAR

32 sayfa

x. sayfadan itibaren n adet sayfa eksilmiş olsun. Bu durumda toplama yaparsak:

x+1+x+2+x+3+...+x+n=9808

Toplamayı yaparsak, n*x(1+2+3+...+n)=9808 olur.

Parantez içindeki ifadeyi Gauss teoremine göre toplarsak:

n*x + n*(n+1)/2=9808

Payda eşitlersek, 2*n*x + n*(n+1)= 19616

n parantezine alırsak; n*(2*x + n+1)=19616.19616

Çarpanlarına ayrılırsa 32*613 olur.

613 asal olduğundan n=32 ve 2*x + n+1=613 olacaktır.

Buradan n=32 ve x=290 bulunur.

291 292 293 294 295 296 297 298 299 300 301 302 303 304 305 306 307 308 309 310 311 312 313 314 315 316 317 318 319 320 321 322

8. RAKAMLAR

41312432

9. KRAL YOLU

Yolun uzunluğu 5000 adımdır. Yolu doğrusal tek bir yol haline getirseydik, yolun alanı ile karenin alanı birbirine eşit olurdu. Yani, 100x100 adım kare olurdu. Bu alanı yolun genişliğine bölersek yolun uzunluğunu buluruz.

10. MERDİVENLER

100 basamak var.

11. NEHRİN GENİŞLİĞİ

1.750 metre

12. PALİNDROMİK

9.59 ile 10.01 arasında yalnızca 2 dakika fark var.

13. AUGUSTUS DE MORGAN

1806'da doğdu, 1849 (=43²)'da 43 yaşındaydı.

14. UÇAK VE RÜZGÂR

Gidişte rüzgârı arkamıza alırsak uçağın hızı artar:

500+300=800 km/saat olur.

Saatte 800 km giderse 1.000 km'yi 5/4 saatte gider (gidiş süresi).

Dönüşte hızı azalacaktır:

500-300=200 km/saat olur.

Bu, dönüşü 5 saate çıkarır.

Toplam gidiş-dönüş süresi: 5/4+5=25/4

Yani, 6 saat 15 dakika

15. HANGİ SAYI SİLİNİR

1961

16. TRENİN UZUNLUĞU

240 m.

17. ÇİT

İlk başta direk sayısına x dersek, çürükleri çıkarınca kalan sayı x-4 olur.

1,5 * x = 2,1 * (x - 4)

1,5x = 2,1x - 8,4 ise,

0,6x = 8,4

x = 14 olur, yani en baştaki direk sayısı 14'tür.

Çit uzunluğu = 13 * 1,5 = 19,5 metre olur.

(Karışıklık olmaması için çarpı işareti yerine * işareti kullanılmıştır.)

1. kişi, 1. günün sonunda 2. ve 3.'ye birer günlük yiyecek verir ve geri döner. (2. ve 3.'nün 4 günlük yiyeceği vardır)

2. günün sonunda, 2. kişi 3.'ye 1 günlük yiyecek verir ve geri döner. (3.'nün 4 günlük yiyeceği ve 4 günlük yolu vardır) ve 3. hedefe ulaşır.

18. OYUNCUNUN OYUNU

N(N-1)=20

N2-N=20

N=5

19. TUT ELİMİ BIRAKMA

1/5

Sevgililerden biri (A diyelim) bir sandalyeye otursun.

Diğeri için oturabileceği 10 sandalye kalacaktır.

Bu 10 sandalyeden sadece 2 tanesi A'ya komşudur.

O halde aranan olasılık 2/10'dur. (Bu da 1/5'e eşittir.)

20. ZİNCİR MEKTUP

$1 + 10 + 10^2 + 10^3 + ... + 10^n = 6\times10^9$ [1] ,

Her iki tarafı 10 ile çarparsak,

$10 + 10^2 + 10^3 + ... + 10^n + 10^{n+1} = 6\times10^{10}$ [2] ,

[2]'den [1]'i çıkarırsak,

$-1 + 10^{n+1} = 5,5\times10^{10}$,

Diğer sayıların yanında -1'i ihmal edersek,

$10^{n+1} = 5,5\times10^{10}$,

n + 1 = 10.7 ve

n = 9,7 hafta.

21. MERDİVENLER

13,016 m

22. PENCERE VERGİSİ

1 milyon 480 bin lira. (Pencere başına 480 bin ve her m^2 için de 1 milyon.)

23. HESAP MAKİNESİ

Bu sayı, 1011'dir (Tersi 1101). Bunun karesi de 1022121 (Tersi 1101'in karesi 1212201) sayısıdır.

24. PİRAMİT

2 sayısı gelmelidir.

10	= 10
3 5 3	= 11
1 2 6 2 1	= 12
1 2 1 5 1 2 1	= 13
1 3 1 1 **2** 1 1 3 1	= 14

25. ÇÖLÜ AŞMAK

1620 kilometre.

Yöntemi şöyle:

Araçlar 9 bidon + 1 depo yakıtla yola çıktı.

İlk 90 kilometreyi gidince, kiralananlardan biri kalan 9 bidonun 8'ini diğer 8 araca dağıtarak geri döndü.

İkinci 90 kilometreyi gidince, kiralananlardan biri daha kalan 9 bidonun 7'sini kalan 7 araca dağıtarak geri döndü.

Üçüncü 90 kilometreyi gidince, kiralananlardan biri daha kalan 9 bidonun 6'sını kalan 6 araca dağıtarak geri döndü

...

Sekizinci 90 kilometreyi gidince, kiralananlardan sonuncusu, kalan 9 bidonun 1'ini adamımızın aracına aktararak geri döndü.

Adamımız 900 km daha giderek çölü aştı.

26. KAÇ KİLOLAR?

Tartı her zaman 10 kg eksik tartıyor

Bu nedenle Elif'in gerçek ağırlığı 50 kg, Sûde'ninki ise 60 kg'dır.

İkisinin ağırlığı toplam; 50+60 =110 kg olması gerekirken, tartı 10 kg eksik tarttığı için 100 kg gösteriyor.

27. BEŞİNCİ SAYI

İlk dört sayı birbirini takip eden en küçük üç basamaklı sayılar olduğuna göre;

1. Sayı: 100

2. Sayı: 101

3. Sayı: 102

4. Sayı: 103

Bunların toplamı = 406 olur.

Beş sayının toplamı 1342 olduğuna göre, 5. Sayı = 1342 - 406 = 936 olur.

28. KUM SAATİ

İki kum saatini aynı anda başlatırsınız. 7 dakikalık kum saati boşaldığı anda deneye başlarsınız. 11 dakikalık boşaldığı anda tekrar ters çevirirsiniz. Buraya kadar

4 dakika geçmiştir. 11 dakikalık kum saati boşaldığı anda deneyi sona erdirirsiniz. Böylece toplam 15 dakika olmuştur.

29. YÜZÜCÜ

45 metre

30. GÜVERCİNLER

Üst dalda 7, alt dalda 5 güvercin var. Toplam 12 güvercin...

31. UZUN YOL

Evden saat 11.22'de çıkıyor. Hüseyin'in evine saat 12.02'de varıyor.

32. KOYUNLAR VE TAVUKLAR

Tavuklara x, koyunlara y dersek;

Ayak sayısı = $2x + 4y = 70$

Kafa sayısı = $x + y = 22$

Buradan denklem çözülürse $x= 9$ ve $y = 13$ olarak bulunur.

İkinci eşitliğin her iki tarafını 2 ile çarparsak;

$2 * (x + y) = 2 * 22$

$2x+2y = 44$ olur.

Buradan, eşitliklerin farkı;

$2x + 4y = 70$

$2x + 2y = 44$

$0 + 2y = 26$ olur.

Buna göre y = 13'tür. Yani koyun sayısı = 13

x + y = 22 olduğuna göre:

x + 13 = 22 => x = 22 - 13 => x =9 olur.

Yani tavuk sayısı 9'dur.

33. TABANA KUVVET

Otobüs yolculuğuna O,

Yaya olarak yolculuğa da Y diyelim.

Otobüsle gidip yürüyerek dönmesi 30 dakikasını alıyorsa; O+Y = 30 olur

Otobüsle gidip otobüsle gelmesi 10 dakika sürüyorsa; O+O = 10 => 2 x O = 10 => O = 5 olur.

O + Y = 30 olduğuna göre, 5 + Y = 30 => Y=25 olur.

Yani yaya olarak bir gidiş 25, bir dönüş 25 dakikadır.

Yaya olarak işe gidip gelmesi süresi: 25 + 25 = 50 dakika olur.

34. KİRALIK OTOMOBİL

Ünal Bey'in 160 TL, arkadaşlarının her birinin de 40'ar TL ödemeleri gerekir.

35. SINAV

Toplam 60 soru olduğuna göre ve öğrenci tüm soruları çözdüğüne göre;

Doğru sayısına DO,

Yanlış sayısına YA diyelim.

Bu durumda DO + YA = 60 olur.

Net kazanç için ise, (1,75 x DO) - (1 x YA) = 50 TL şeklinde formül oluştururuz.

DO + YA = 60 ise, YA= 60 – DO olur.

Bunu net kazanç formülünde yerine koyarsak;

(1,75 x DO) - 1 x (60 – DO) = 50 eşitliğini sağlarız.

Buradan; 1,75 x DO - 60 + DO = 50 olur.

2,75 x DO = 110 => DO = 40, yani öğrencinin doğru sayısı 40 olur.

36. BİR ADAM VE KIZI

Adamla kız; saatte biri 3 km, diğeri 3 km olmak üzere, toplam 6 km hızla 10 dakikada buluşacaklardır. Köpek ise saatte 9 km hızla 10 dakikada 1,5 km yol alacaktır.

37. İNCİ

25.92 = 2592

38. YEDİ ARKADAŞ

Birinci arkadaşın parası a, ikincinin ab, üçüncünün abc... olsun.

O halde, a + ab + abc + abcd + abcde + abcdef +abc-defg = 2879

veya

a (1+b+bc+bcd+bcde+bcdef+bcdefg) = 2879 olur.

2879 asal sayı olduğuna göre,

a=1 olur.

Aynı şekilde,

b (1+c+cd+cde+cdef+cdefg) = 2878 = (2) *1439

1439 da asal sayı olduğuna göre;

b = 2'dir.

Benzer bir biçimde işlemlere devam edildiğinde;

c=2, d=2, e=2, f=2 ve g=88 bulunur.

Bu durumda, arkadaşların paraları:

1, 2, 4, 8, 16, 32 ve 2816 liradır.

39. ARDIŞIK TOPLAM

2048 yılı ardışık sayıların toplamı şeklinde yazılamaz; çünkü 212 sayısına eşittir.

40. 1'DEN 9'A HARFLER

	A	B	C	D	E	F	G	H	I
1	3	9	1	8	4	7	2	5	6
2	3	9	1	8	4	7	2	6	5
3	5	6	2	7	4	8	1	3	9
4	5	6	2	7	4	8	1	9	3
5	6	5	2	7	4	8	1	3	9
6	6	5	2	7	4	8	1	9	3
7	9	3	1	8	4	7	2	5	6
8	9	3	1	8	4	7	2	6	5

BÖLÜM 6

ŞEKİLLİ ZEKÂ GELİŞTİRİCİ SORULAR

1. DOKUZ NOKTA

9 nokta, şekilde görüldüğü gibi her biri 3 nokta içeren 3 satıra yerleştirilmiştir. Bu noktaları, elinizi kaldırmadan 4 düz çizgi çizerek birleştirebilir misiniz?

2. TUĞLALAR

Şekildeki tuğlalara 1'den 10'a kadar olan sayılar yerleştirilmiştir.

Bu sayılar hangi kurala göre yerleştirilmiştir?

1'den 15'e kadar olan sayılar, benzer biçimde dizilmiş 15 tuğlaya, aynı kurala göre nasıl yerleştirilebilir?

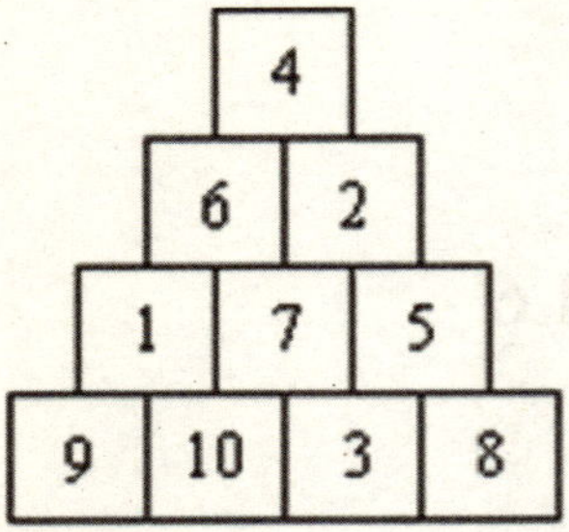

3. 3 x 3 KARE

Boş karelere 1'den 9'a kadar rakamları öyle yazın ki; yan yana, alt alta ve köşeden köşeye toplamları hep 15 olsun.

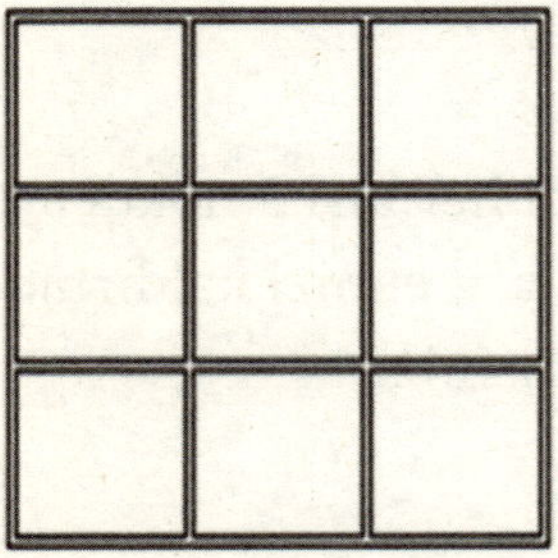

4. KAÇ ÜÇGEN?

Aşağıdaki şekilde toplam kaç adet üçgen vardır?

5. ALTI PARÇA

Şekli birbirinin aynı 6 parçaya ayırın.

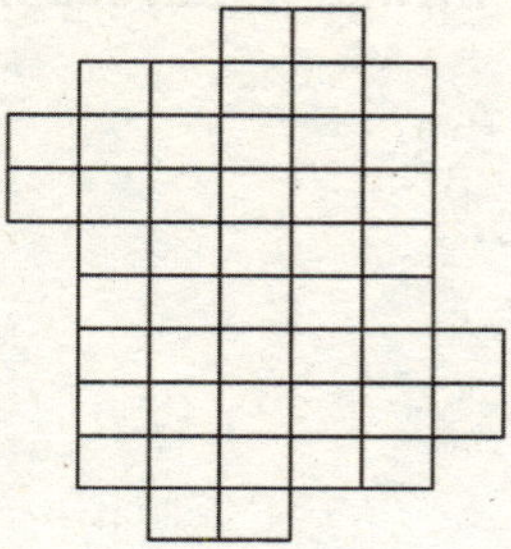

6. ARDIŞIK KOMŞULAR

Aşağıdaki sekiz kareye 1'den 8'e kadar olan sayıları yerleştirin, öyle ki ardışık olan sayılar komşu karelere gelmesinler. Çarpraz kareler de komşu sayılmaktadır.

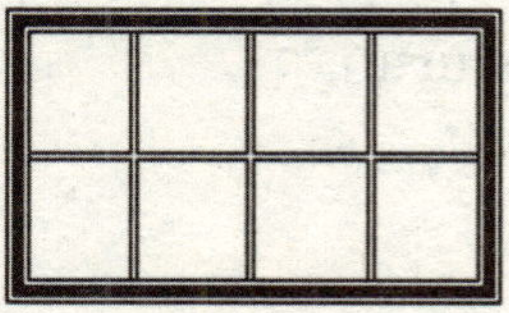

7. ŞAŞIRTICI KARE

4X4 kare içine öyle sayılar yerleştirin ki, 2x2, 3x3 ve 4x4'lük karelerden herbirinin 4 köşesindeki sayıların toplamı sıfır olsun.

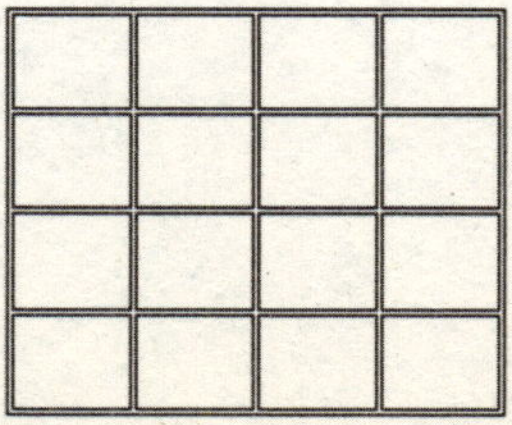

8. ÇARPILAR

6x6 bir kareye çarpılar koyacaksınız; öyle ki, dört tanesi çapraz ya da doğrusal olarak aynı hizada olmayacak. En fazla kaç çarpı koyabilirsiniz?

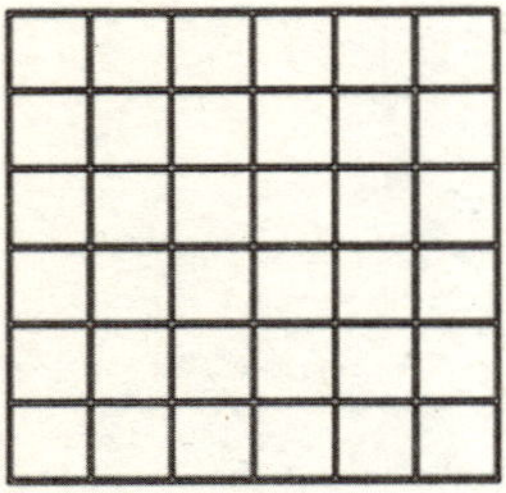

9. PARÇALI KARE

Aşağıdaki kareyi meydana getiren parçalara sağdaki kareyi de ekleyip bir başka kare oluşturun.

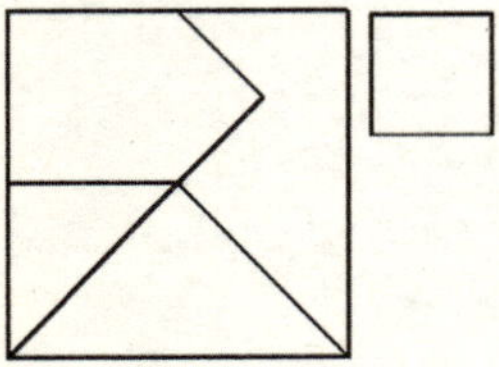

10. DOMİNO TAŞLARI

Son domino nasıl olmalı?

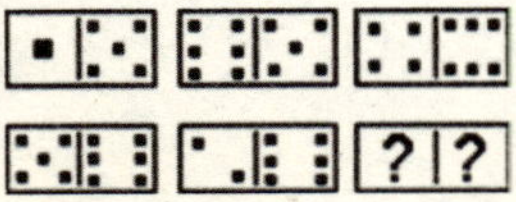

11. 4 x 4 KARE

Boş karelere 1'den 16'ya kadar rakamları öyle yazın ki; yan yana, alt alta ve köşeden köşeye toplamları hep 34 olsun.

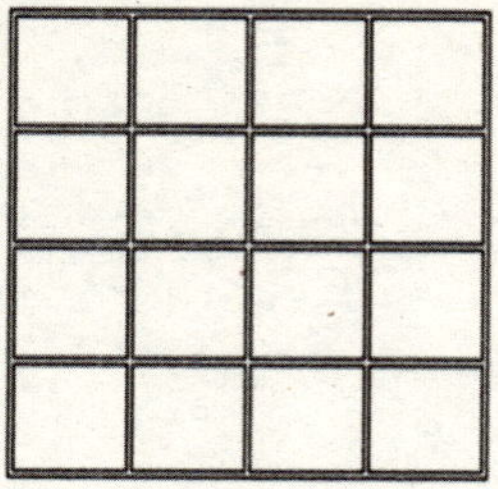

12. KARE SAYISI

Aşağıdaki şekilde kaç adet kare vardır?

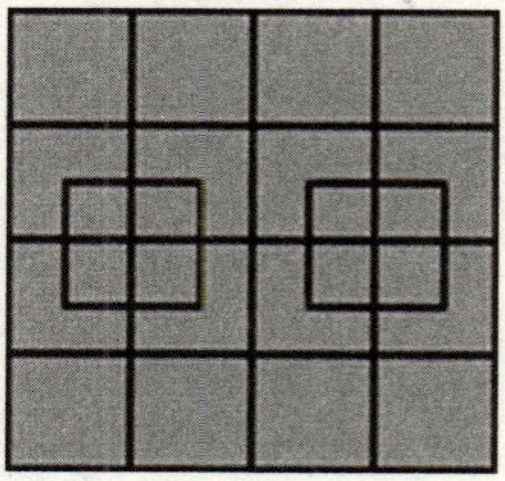

13. KARE BULMACA

Soru işaretlerinin yerine harfler yerleştirerek 1,2,...,8 sayılarının hepsinin İngilizce okunuşlarının bir kare bulmacada olduğu gibi okunmasını sağlayın.

?	?	?	?	?
?	?	?	?	?
?	?	?	?	?
?	?	?	?	?
?	?	?	?	?

14. DÖRT NOKTA

Şekildeki 4 noktayı, 4x4'lük kareye herhangi bir satırda, sütunda, köşegende iki tane olmayacak şekilde yerleştirin.

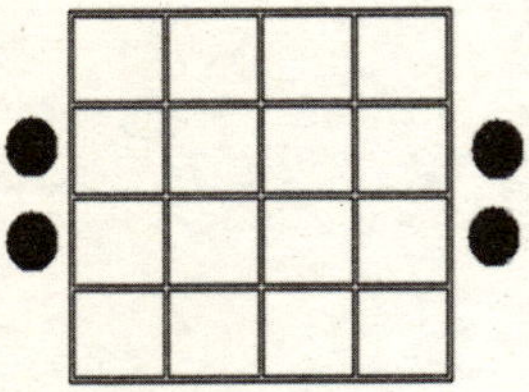

15. SAYILAR

1'den 8'ye kadar sayıları (sadece birer kez kullanarak) karelere yerleştirin ve her bir kenarın toplamı 12 olsun.

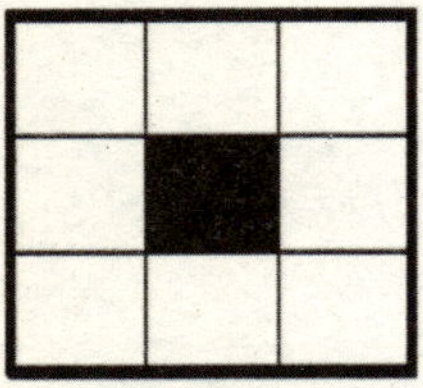

1 2 3 4 5 6 7 8

16. HARFLER VE RAKAMLAR

Aşağıda bulunan tablodaki her harf; 1 ile 9 arasındaki farklı bir rakama karşılık gelmektedir.

946, 15 ve 82 sayıları tabloda yatay veya düşey konumda bulunmaktadır.

G, A' dan 2 fazladır.

Ardışık sayılar komşu karelerde değildir.

Tablodaki rakamları bulunuz.

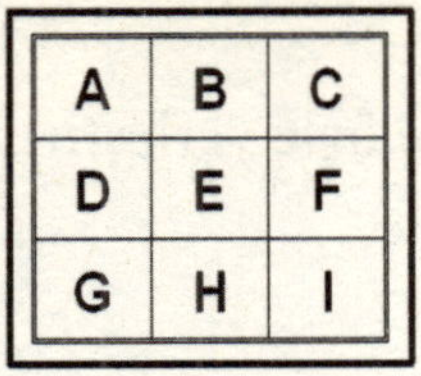

17. ON ALTI NOKTA

Altı doğru çizgi kullanarak 16 noktayı, başladığınız yerde bitirerek ve herhangi bir noktaya iki kere uğramadan birleştirin.

18. DÖRT PARÇA

Aşağıdaki şekli çizgilerden keserek birbirinin tamamen aynısı öyle dört parçaya ayırın ki bir parça iki tane A'yı; bir parça B'yi; bir parça C'yi ve son parça da D'yi içersin. Parçalar birbirinin simetriği değildir ve 36 küçük karenin hepsi kullanılmalıdır.

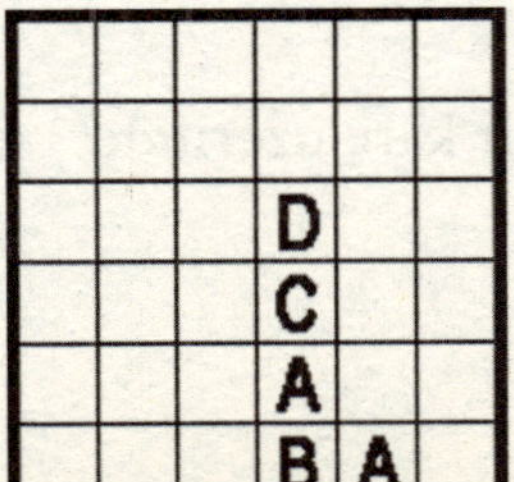

19. 4 X 4 KARE

Sıfır'dan 15'e kadar sayıları, karelere öyle yerleştirin ki;

a) Yan yana,

b) Alt alta,

c) Köşeden köşeye.

d) Koyu çizgilerle ayrılmış her 4 küçük kare içindeki rakamların toplamları hep 30 olsun.

20. KAÇ KARE?

Aşağıdaki şekilde kaç adet kare vardır?

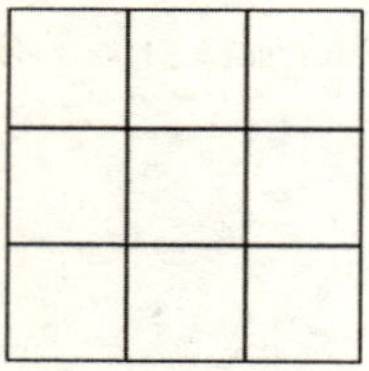

21. İKİ PARÇA

Şekli iki benzer parçaya bölün.

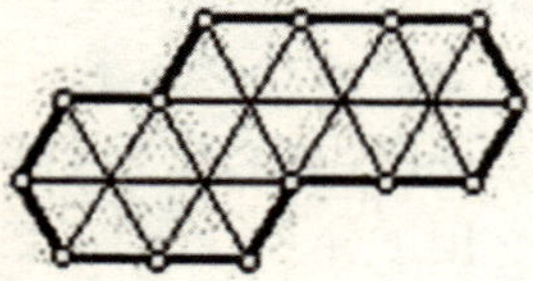

22. DOKUZ KART

Aşağıdaki 3x3'lük karede, her bir kare üzerinde;

Kırmız kart 1. veya 2. sırada,

2 Yeşil kart 3. sütunda,

2 Mavi kart 2. sırada,

Sarı kartlar 3 köşede ve

Her sırada 1 Yeşil kart var.

Her kartın yerini bulunuz.

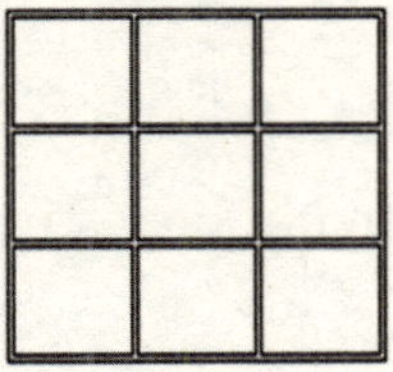

23. YILDIZ

1'den 12'ye kadar olan tam-sayıları, bu altı köşeli yıldızın içine öyle bir yerleştirin ki, yıldızdaki altı sıranın her birindeki sayıların toplamı 26 olsun.

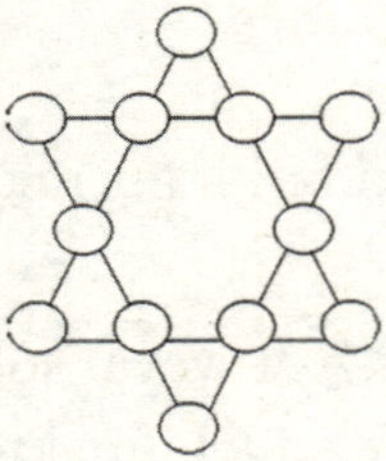

24. ASAL SAYILAR

Aşağıdaki şekildeki sekiz boş kutuya ilk sekiz tek asal sayıyı öyle yerleştirin ki, her kenardaki sayıların toplamları birbirine eşit olsun.

Sayılar:3,5,7,11,13,17,19,23

25. SAYILAR

1'den 7'ye kadar sayıları (sadece birer kez kullanarak) karelere öyle bir yerleştirin ki, satır sütunların toplamı 13 olsun.

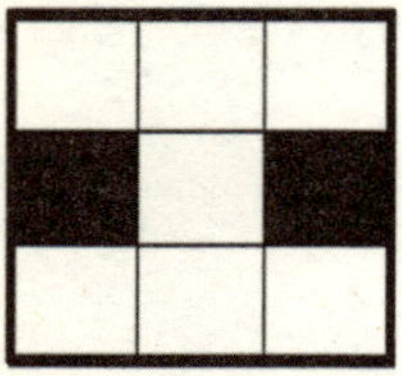

26. HARFLER VE RAKAMLAR

A	B	C
D	E	F
G	H	I

Tablodaki her harf, 1 ile 9 arasındaki farklı bir rakama karşılık gelmektedir.

Tablodaki rakamlar yukarıdan aşağıya veya soldan sağa okunduğunda 536 ve 19 sayıları elde edilebilmektedir.

A ile B'nin toplamı, H ile I'nın çarpımına eşittir.

Ardışık sayılar, komşu (yatay ve düşey) karelerde değildir.

Buna göre sayıları kutulara yerleştiriniz.

27. HARF YERLEŞTİRMECE

Aşağıdaki şekildeki boşluklara A,B,C,D,E,F harflerini öyle yerleştirin ki; her satır, her sütun ve farklı renklerle belirtilmiş her şeklin içinde her birinden yalnız bir tane bulunsun.

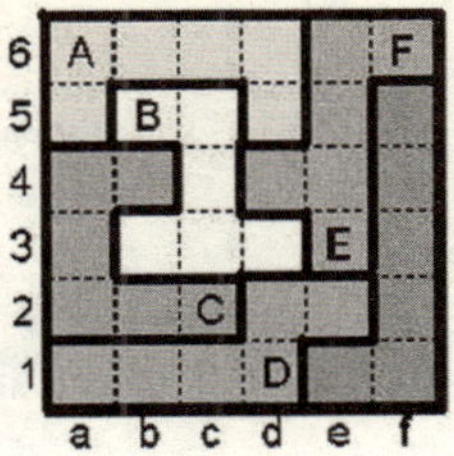

28. BEŞ PARÇA

Şekli beş benzer parçaya bölün.

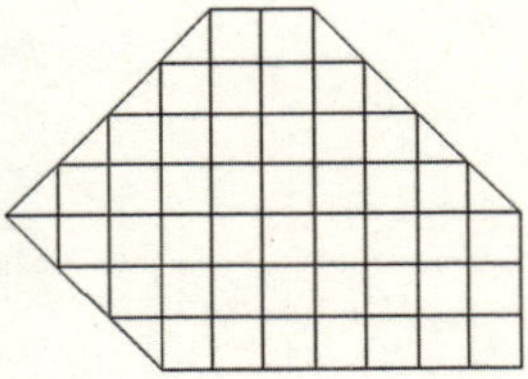

29. 4X4 KAREDE TOPLAM 41

Aşağıdaki 4x4'lük karede boş bırakılan yerlere öyle sayılar yerleştirin ki; hem yatay, hem de dikey sıraların toplamı her zaman 41'e eşit olsun. Ancak, her sayıyı yalnızca bir kez kullanma hakkınız var.

2			26
9			4

30. KAÇ KARE VAR?

Aşağıdaki şekilde kaç adet kare vardır?

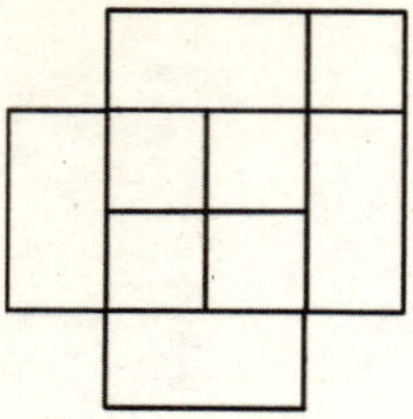

31. İKİ PARÇA

Şekli iki benzer parçaya bölün.

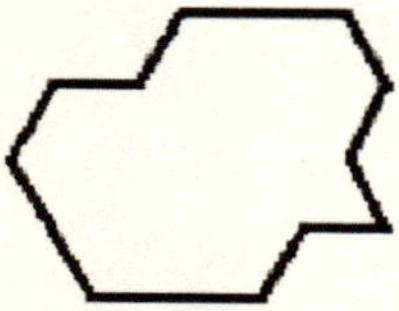

32. SAYI YERLEŞTİRMECE

2 ila **6** rakamlarını her satır, sütun ve köşegen üzerindeki toplamlar **20** olacak biçimde ve her rakamı her satır, sütun ve köşegen üzerinde sadece bir kez kullanarak şekildeki kareye yerleştiriniz. **6'lar doğru olarak yerleştirilmiştir.**

				6
		6		
6				
			6	
	6			

33. SAYILAR

1'den 12'ye kadar sayıları (sadece birer kez kullanarak) karelere öyle bir yerleştirin ki satır sütunların toplamı 22 olsun. Bazı rakamlar önceden yerleştirilmiştir.

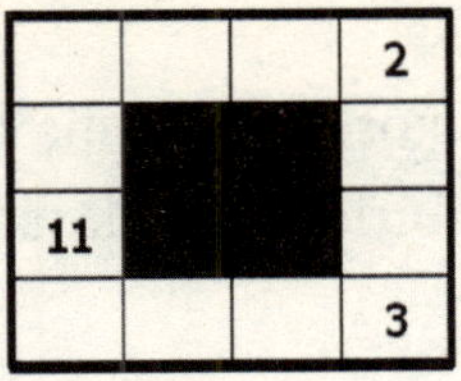

34. HARFLER VE RAKAMLAR

A	B	C
D	E	F
G	H	I

Tablodaki her harf; 1 ile 9 arasındaki farklı bir rakama karşılık gelmektedir.

Ardışık sayılar komşu karelerde değildir.

ABC sayısı ile GHI sayısın toplamları DEF sayısına eşittir.

A sayısı B sayısından üç fazladır.

Tablodaki rakamları bulunuz.

35. 25 NOKTA

Sekiz doğru çizgi kullanarak 25 noktayı birleştirin.

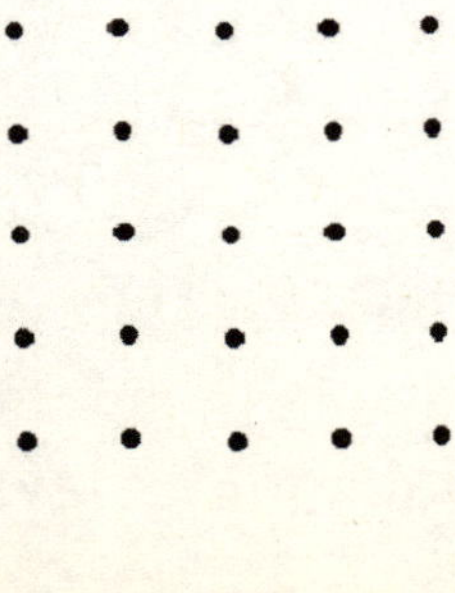

36. KAREYİ PARÇALAYIN

Soldaki 5x5 boyutlarında ve iki köşesi kesilmiş kare yalnızca bir kesişle iki parçaya ayrılıp birleştirilerek sağdaki dikdörtgene dönüştürülebilir mi?

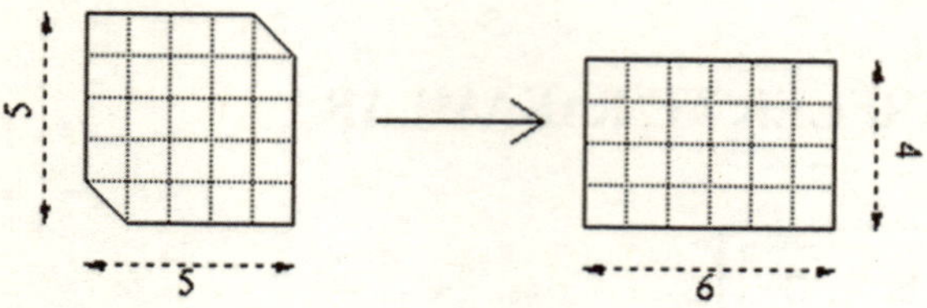

37. 5 x 5 KARE

Boş karelere 1'den 25'e kadar rakamları öyle yazın ki; yan yana, alt alta ve köşeden köşeye toplamları hep 65 olsun.

38. EŞİTLİK

Aşağıdaki tabloda 1'den 9'a kadar olan sayılar bir kez kullanılmıştır. Yerlerini bulabilir misiniz?

7	+		/		=	2
+		+		-		
	x		/	3	=	4
x		/		+		
	+		-		=	2
=		=		=		
9		3		9		

39. İKİ PARÇA

Şekli iki benzer parçaya bölün.

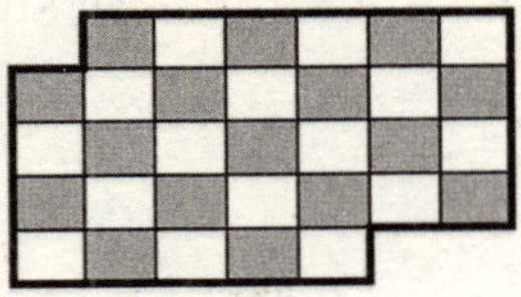

40. SAYI YERLEŞTİRMECE

1 ila 8 rakamlarını öyle yerleştiriniz ki, birbirine çizgiyle bağlı kutularda ardışık iki sayı olmasın. Örneğin, bir kutuda 5 varsa o kutuya çizgiyle birleştirilmiş kutularda 4 veya 6 bulunmasın.

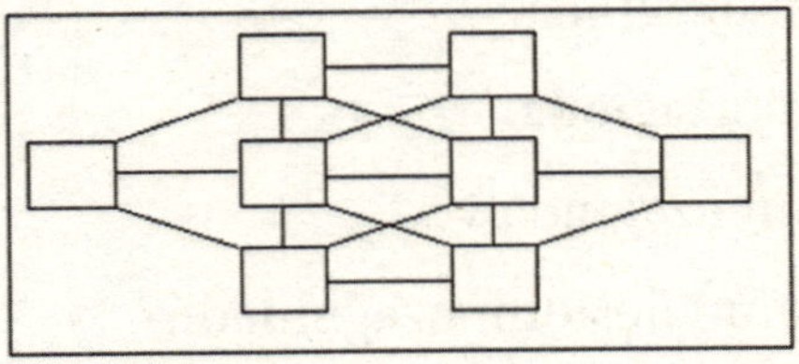

41. KALEMLER

Gördüğünüz 8 kalemden, hiçbirinin boyunu değiştirmeden birbirine eşit büyüklükte 3 kare yapabilecek misiniz?

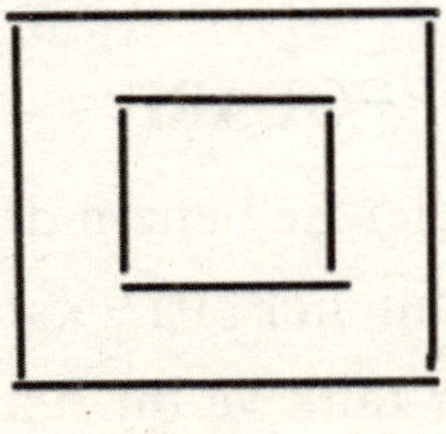

42. BEŞ NOKTA

Şekildeki 5 noktayı, 5x5'lik kareye herhangi bir satırda, sütunda, köşegende iki tane olmayacak şekilde yerleştirin.

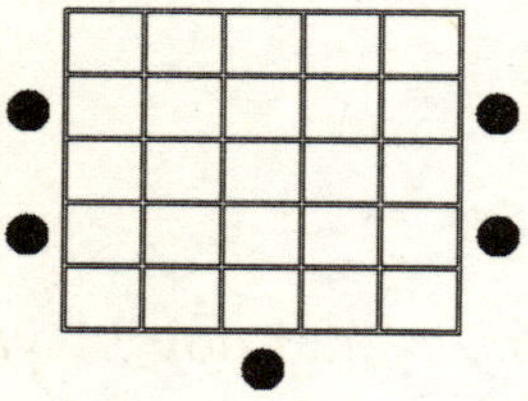

43. HANGİ SAYI?

Şekildeki hangi sayı;

Kendisinin 3 katının üç adım uzağında,

2 eksiğinin iki adım uzağında,

4 fazlasının üç adım uzağında,

3 eksiğinin iki adaım uzağında ve

Kendisinin 2 fazlasının üç adım uzağındadır?

21	10	11	12	18
16	3	28	2	7
19	15	13	17	5
14	6	33	4	8
20	1	9	48	9

44. TANKLAR VE BENZİN DEPOLARI

Beyaz daireler tankları, siyah daireler ise benzin depolarını göstermektedir. 36 karelik bu alanı; her biri 9 karelik öyle 4 alana ayırın ki, her parçada bir tank ve bir benzin deposu olsun.

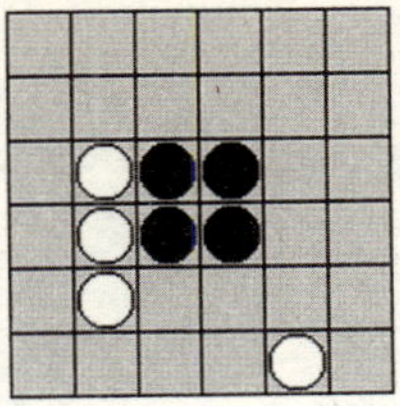

45. EŞİTLİK

0'dan 8'e kadar bütün rakamları, eşitliği doğrulayacak biçimde boşlukların içine yerleştirin. Her bir rakam yalnızca bir kez kullanılacak.

$$\square\square^{4}=\square\square\square\square\square\square\square$$

46. HANGİ HARF?

Şekil 1'deki daire ok yönünde 135 derece döndürülerek Şekil 2'nin üzerine getirilirse 1 numaralı dilimin üzerine hangi harf gelir?

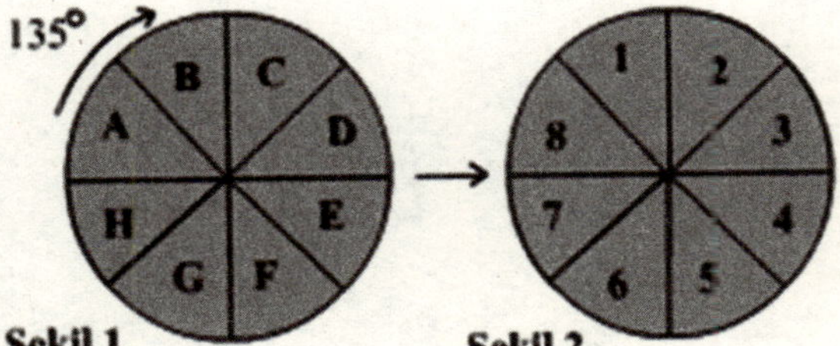

Şekil 1. Şekil 2.

47. KAÇ YOL?

Sol alt kareden (1) başlayarak sadece sağa ve yukarı hareket ederek, toplam 10 elde etmenin kaç adet yolu vardır?

2	1	3
3	2	1
1	3	2

48. SORU İŞARETİ YERİNE HANGİ SAYI GELECEK?

5	9	1	2	1
8	9	6	4	3
3	0	5	2	?

49. ÇEŞME

4 çeşmeden 4 eve (A'dan A'ya; B'den B'ye; C'den C'ye ve D'den D'ye) boruları birbirine kestirmeden su götürebilir misiniz?

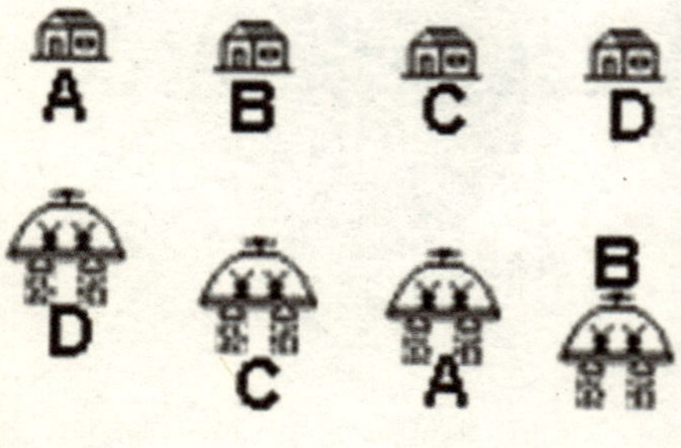

50. KELİME

Aşağıdaki harflerden anlamlı bir kelime elde ediniz.

Y	E	T	E	R	N	O	K	N

Not: Tüm harfler kullanılacak ve tek bir kelime elde edilecek.

51. KİBRİT

Aşağıdaki şekilden 3 kibrit çöpü çıkararak 3 kare yapabilir misiniz?

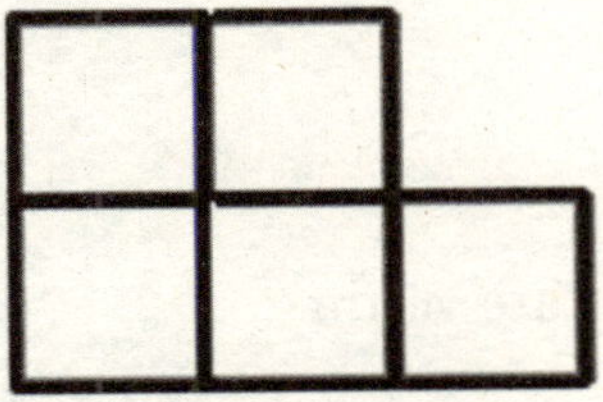

52. SEMBOLLER

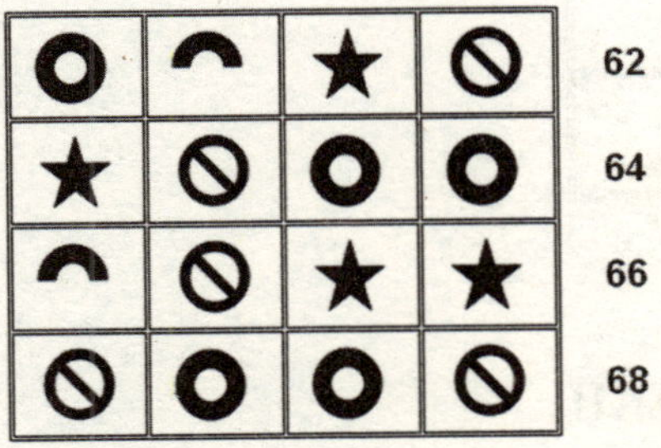

Aynı semboller aynı sayıya karşılık gelmektedir. Sağdaki ve alttaki sayılar o satırda ya da o sütundaki sembollerin toplamını vermektedir. Soru işaretinin yerine gelmesi gereken sayı nedir?

53. EŞİTLİK

L	L	K	-		L	K	=	L	M	M
	/				+				-	
	J	P	x		J	K	=	O	O	P
	=				=				=	
	O	P	+		G	O	=		N	K

Her harf, 0 ile 9 arasında bir rakama karşılık gelmektedir. Hangi harfin hangi rakama ait olduğunu bularak tabloda verilen yatay ve düşey işlemleri sağlayınız.

54. KAÇ KARE

Aşağıdaki şekilde kaç adet kare vardır?

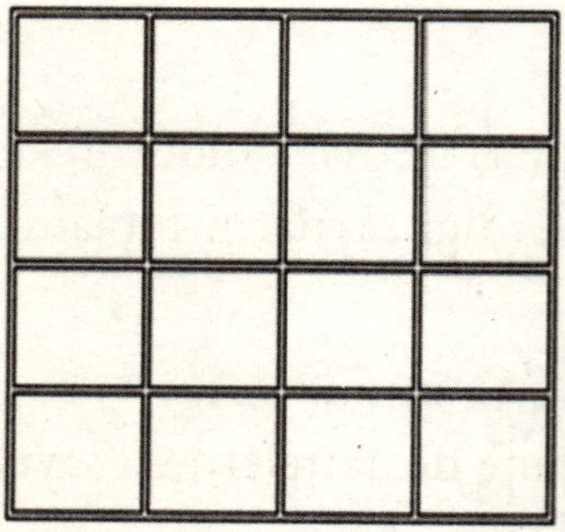

55. SIRADAKİ ŞEKİL

Aşağıdaki dizide bir sonraki şekli bulun.

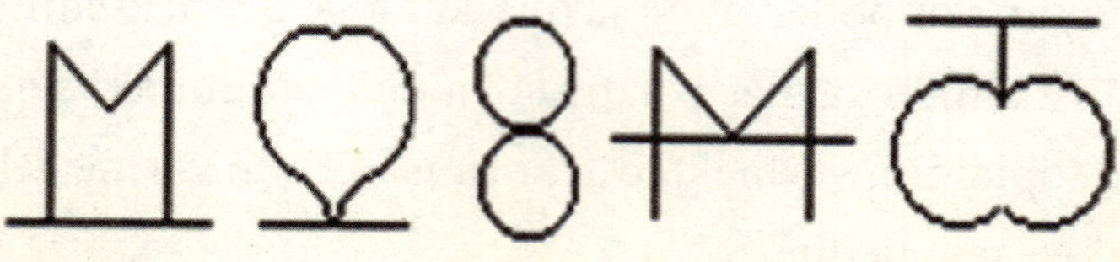

56. HANGİ ŞEKİL?

Soru işaretinin yerine ne gelmesi gerekir?

57. 19 DAİRE

Aşağıdaki şekilde 19 daire var.

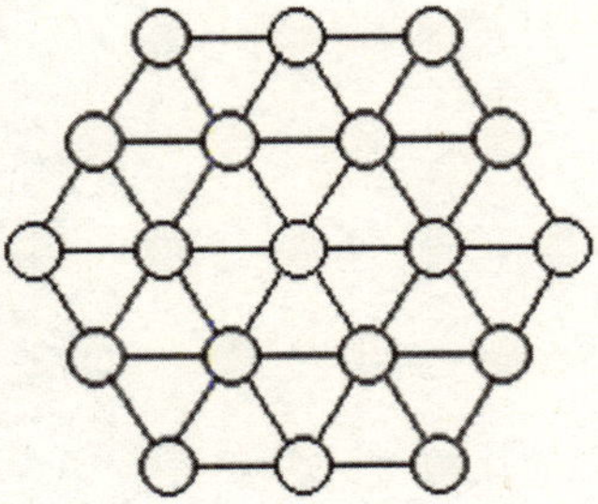

Bu daireleri 1,2,3,...,19 sayıları ile öyle doldurun ki, yatay veya çapraz her sıranın içerdiği sayıların toplamı eşit olsun.

Not: Her yatay veya çapraz sıranın içerdiği daire sayısı farklı (3,4,5) olabilir, fakat yine de dairelerdeki sayıların toplamı eşit olmalı.

58. ÇARPILAR

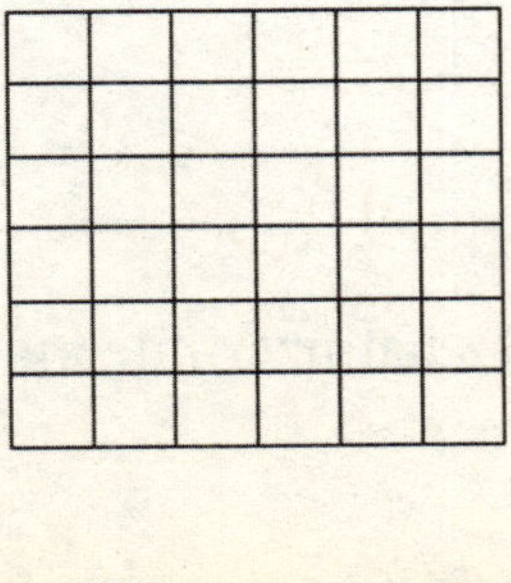

6x6 bir kareye çarpılar koyacaksınız: Öyle ki, dört tanesi çapraz ya da doğrusal olarak aynı hizada olmayacak. En fazla kaç çarpı koyabilirsiniz?

59. DAİRE DOLDURMA

1 ile 15 arasındaki sayıların tümünü aşağıda gördüğünüz dairelere öyle yerleştirin ki her daire, altında bulunan iki dairedeki sayıların farkını içersin.

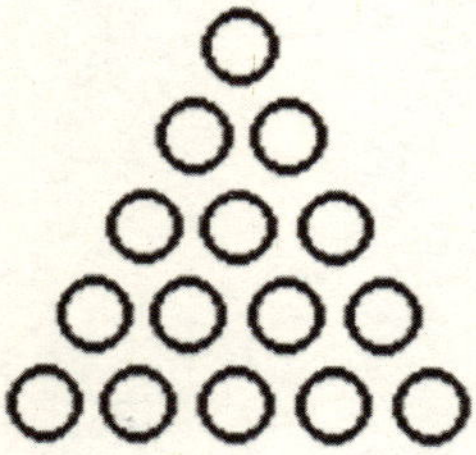

60. KARE BOYAMA

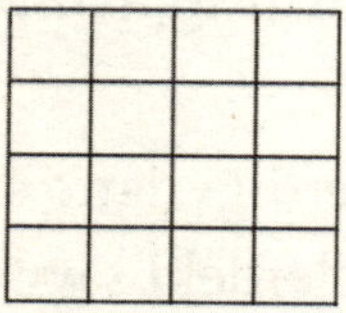

4x4 kareden oluşan 16 karelik şekli boyamanızı istiyoruz.

4 kare mavi olmalı,

3 kare kırmızı olmalı,

3 kare yeşil olmalı,

3 kare beyaz olmalı,

3 kare sarı olmalı,

Hiçbir renk; sıra, sütun ve çapraz hat üzerinde bir kereden fazla bulunmamalı.

CEVAPLAR

1. DOKUZ NOKTA

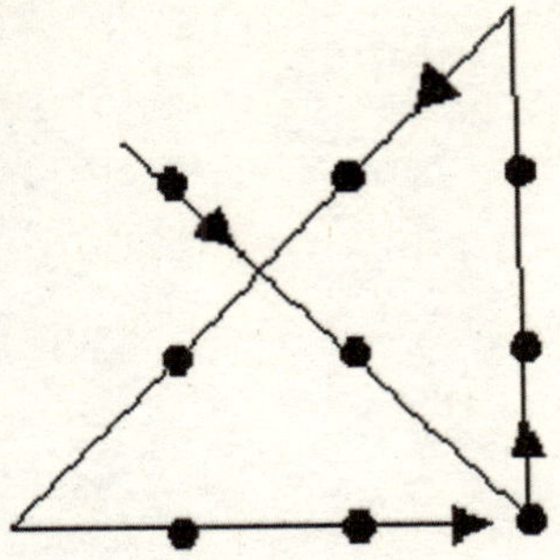

2. TUĞLALAR

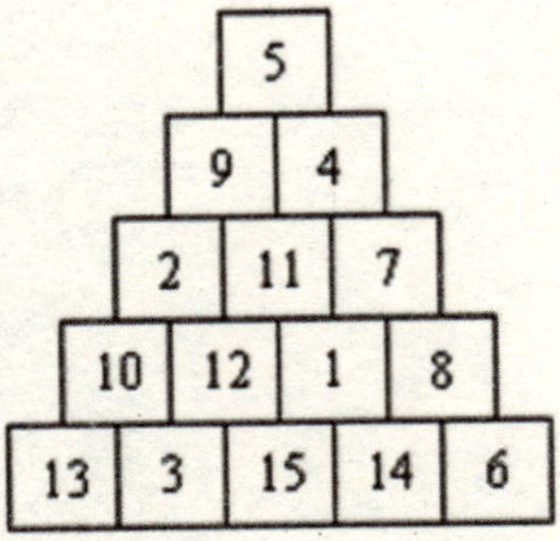

3. 3 x 3 KARE

8	1	6
3	5	7
4	9	2

4. KAÇ ÜÇGEN?

44 adet üçgen vardır.

5. ALTI PARÇA

			1	1		
	2	2	1	1	1	
2	2	2	1	1	1	
2	3	2	4	4	1	
	3	3	3	4	4	
	3	3	4	4	4	
	6	3	3	5	4	5
	6	6	6	5	5	5
	6	6	5	5	5	
		6	6			

6. ARDIŞIK KOMŞULAR

2	4	1	7
4	6	3	5

7. ŞAŞIRTICI KARE

1	-1	1	-1
1	-1	1	-1
-1	1	-1	1
-1	1	-1	1

8. ÇARPILAR

18 adet

X			X		X
		X	X	X	
X	X			X	
	X	X		X	
X			X		X
	X	X			X

9. PARÇALI KARE

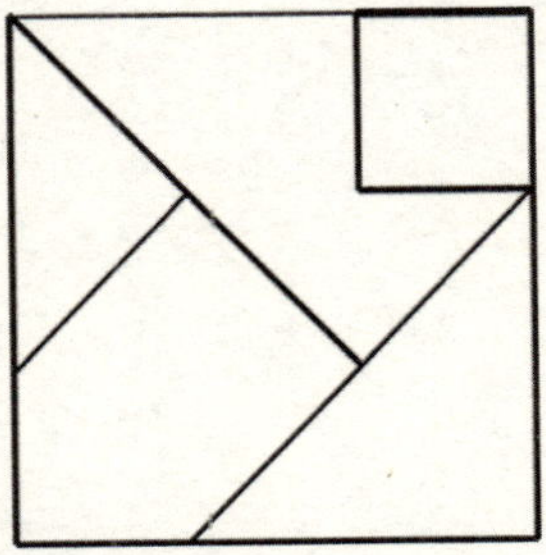

10. DOMİNO TAŞLARI

Her dominonun sol yarısını bir zarın üst yüzü olarak düşünün. Bu zar, üst yüzünün komşularından en küçüğü üzerine devrilsin. Şimdiki üst yüz ise dominonun sağ yarısı oluyor. Bu dominoların sol yarısında kullanılmayan tek sayı, 3. Aynı yöntemi uygularsak şunu elde ederiz:

11. 4 x 4 KARE

16	2	3	13
5	11	10	8
9	7	6	12
4	14	15	1

12. KARE SAYISI

40 adet kare vardır.

13. KARE BULMACA

T	H	R	E	E
S	E	V	E	N
S	I	X		O
F	O	U	R	W
E	I	G	H	T

14. DÖRT NOKTA

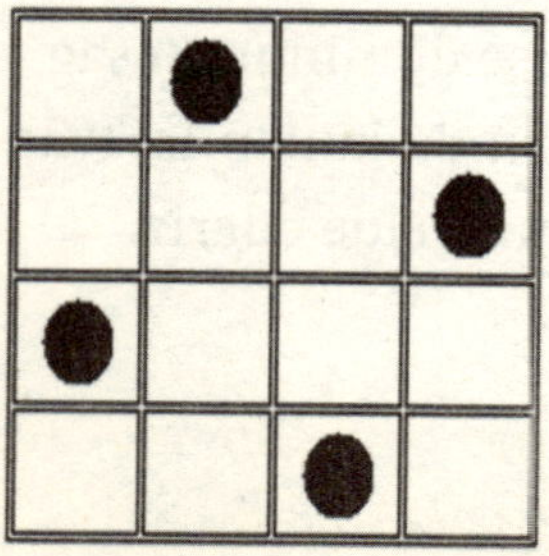

15. SAYILAR

1	8	3
5		7
6	4	2

16. HARFLER VE RAKAMLAR

7	1	5
3	8	2
9	4	6

17. ONALTI NOKTA

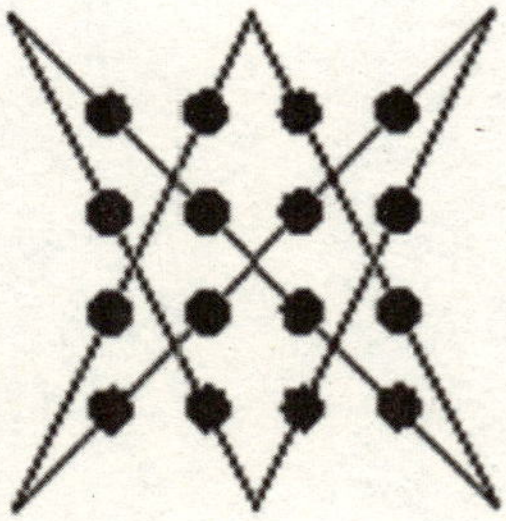

18. DÖRT PARÇA

Şekil, birbirinin aynısı dört parçaya, her parçada iki farklı harf olmamak üzere şu şekilde ayrılabilirdi.

19. 4 X 4 KARE

20. KAÇ KARE?

14 adet kare vardır.

21. İKİ PARÇA

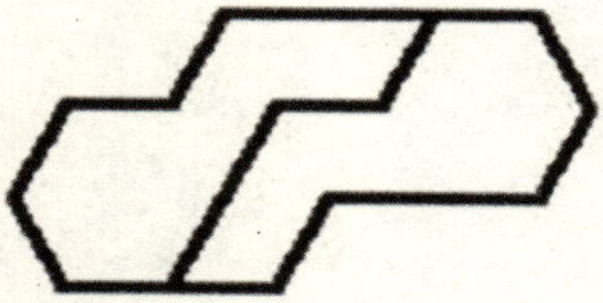

22. DOKUZ KART

S	K	Y
M	M	Y
S	Y	S

23. YILDIZ

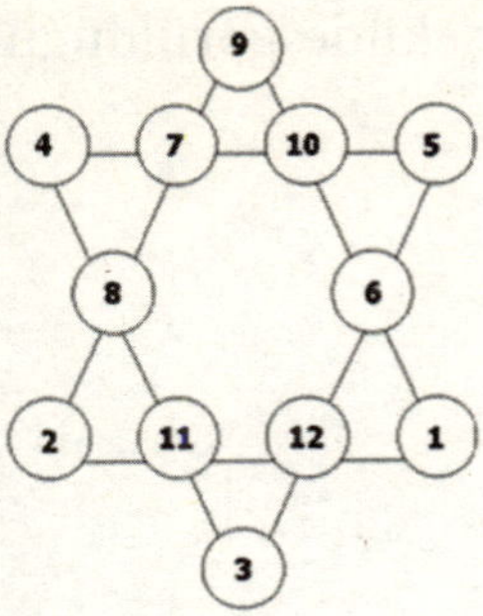

24. ASAL SAYILAR

5	23	3
19		17
7	13	11

25. SAYILAR

1	5	7
	2	
3	6	4

26. HARFLER VE RAKAMLAR

2	7	4
5	3	6
8	1	9

27. HARF YERLEŞTİRMECE

A,B,C,D,E,F harfleri aşağıdaki şekilde görüldüğü gibi yerleştirilmelidir:

	a	b	c	d	e	f
6	A	D	B	E	C	F
5	F	B	E	C	D	A
4	E	F	D	B	A	C
3	B	C	F	A	E	D
2	D	A	C	F	B	E
1	C	E	A	D	F	B

28. BEŞ PARÇA

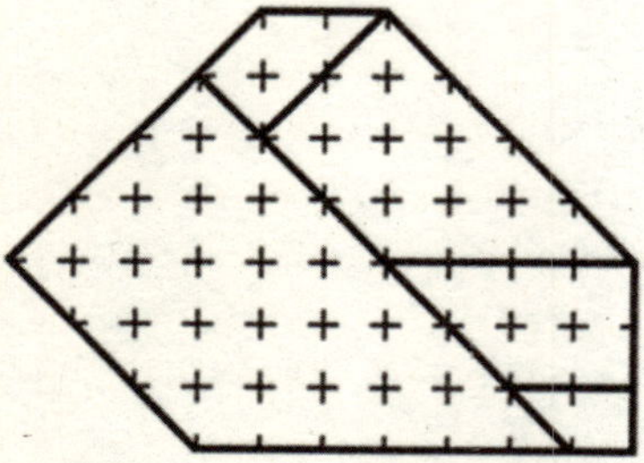

29. 4x4 KAREDE TOPLAM 41

2	7	6	26
10	18	5	8
20	1	17	3
9	15	13	4

30. KAÇ KARE VAR?

11 adet kare vardır.

31. İKİ PARÇA

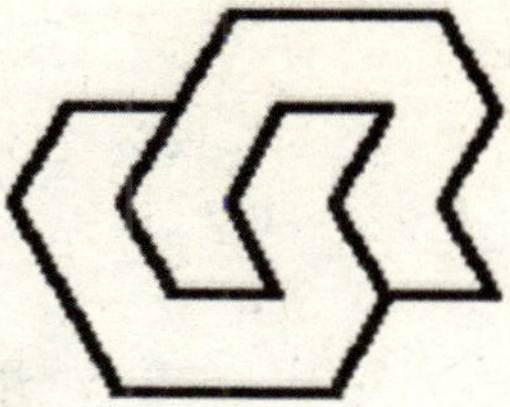

32. SAYI YERLEŞTİRMECE

2	3	4	5	6
4	5	6	2	3
6	2	3	4	5
3	4	5	6	2
5	6	2	3	4

33. SAYILAR

1	9	10	2
6			12
11			5
4	7	8	3

34. HARFLER VE RAKAMLAR

7	4	6
9	8	1
2	3	5

35. 25 NOKTA

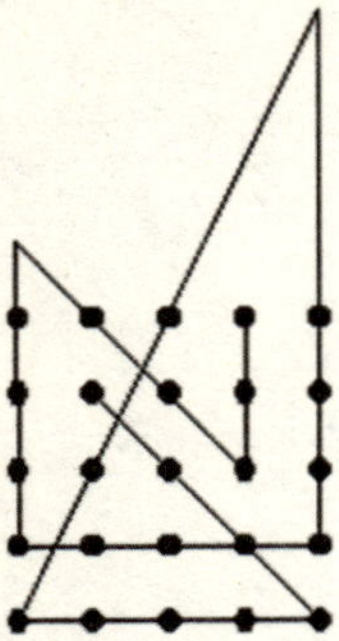

36. KAREYİ PARÇALAYIN

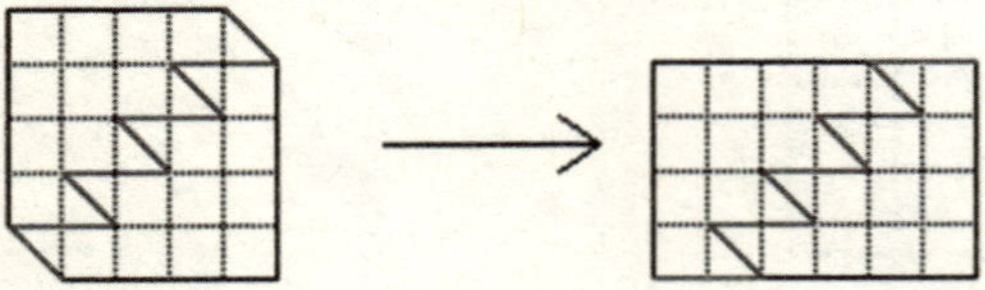

37. 5X5 KARE

3	16	9	22	15
20	8	21	14	2
7	25	13	1	19
24	12	5	18	6
11	4	17	10	23

38. EŞİTLİK

7	+	9	/	8	=	2
+		+		-		
2	x	6	/	3	=	4
x		/		+		
1	+	5	-	4	=	2
=		=		=		
9		3		9		

39. İKİ PARÇA

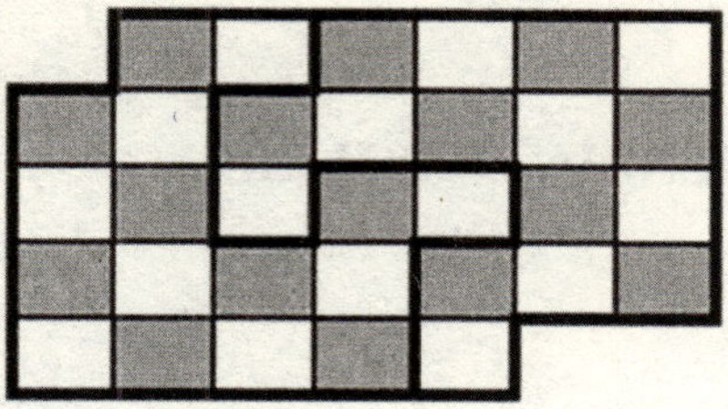

40. SAYI YERLEŞTİRMECE

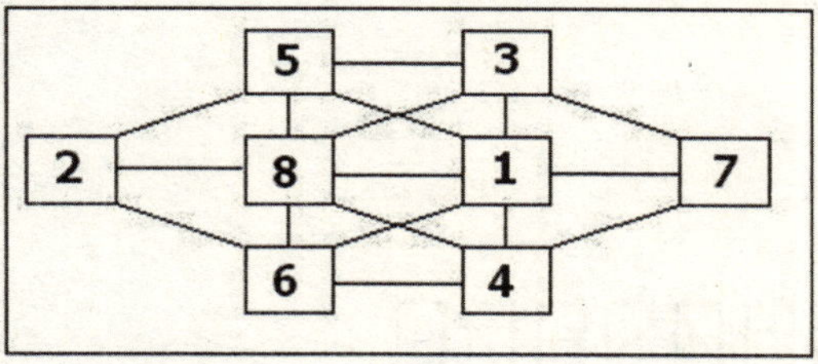

41. KALEMLER

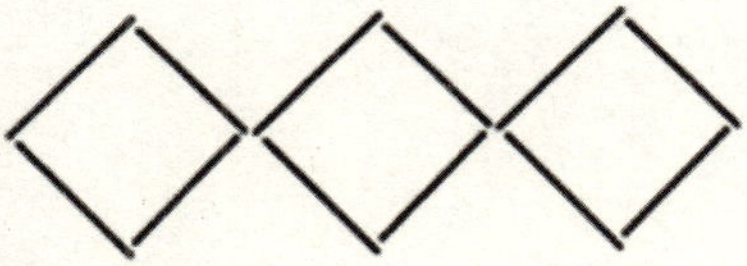

42. BEŞ NOKTA

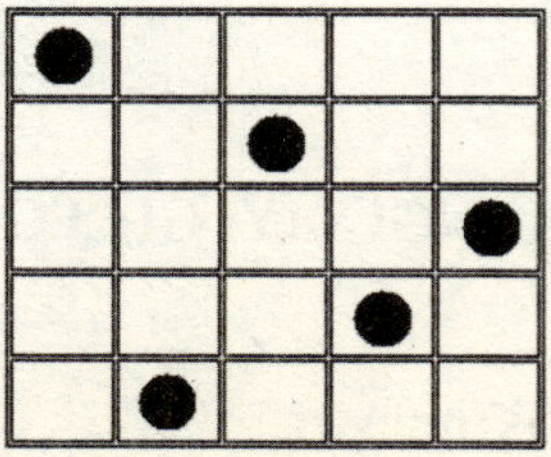

43. HANGİ SAYI?

6 sayısı

44. TANKLAR VE BENZİN DEPOLARI

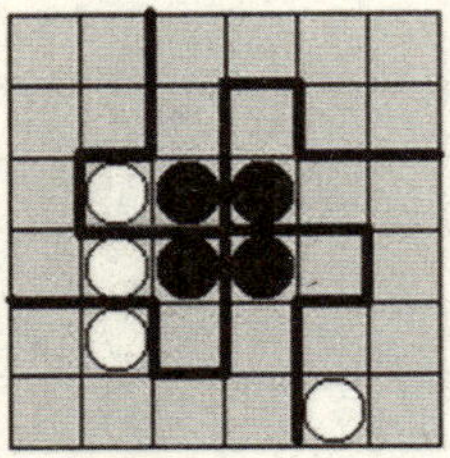

45. EŞİTLİK

$$32^4 = 1048576$$

46. HANGİ HARF?

G harfi gelir.

47. KAÇ YOL

6 yolu vardır.

48. SORU İŞARETİ YERİNE HANGİ SAYI GELECEK?

2 SAYISI GELECEK

Çünkü: ilk sıra+üçüncü sıra= ikinci sıra

49. ÇEŞME

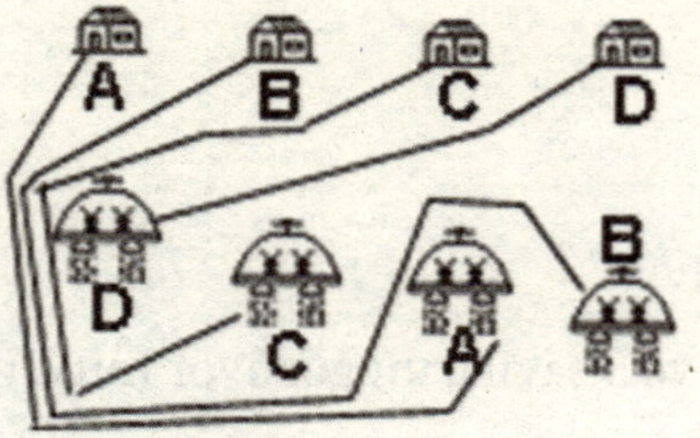

50. KELİME

KONTEYNER kelimesi elde edilir.

51. KİBRİT

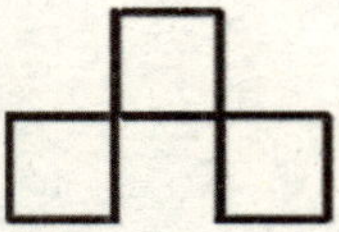

52. SEMBOLLER

62

53. EŞİTLİK

336	-	36	=	300
/		+		-
14	x	16	=	224
=		=		=
24	+	52	=	76

54. KAÇ KARE

30 adet kare vardır.

55. SIRADAKİ ŞEKİL

Bu şekillerde, 1, 2, 3, 4 ve 5 sayılarını görüyor musunuz?

Şekilleri tam ortadan dikey olarak ikiye kesin. Sağ taraftaki sayı, sol taraftakiyse o sayının aynada yansımasıdır. Bir sonraki şekil şöyle olmalı:

56. HANGİ ŞEKİL?

Şekiller, 1, 2, 3, 4, 5, 6, 7, 8 sayılarının dijital yazılışlarının alt yarılarıdır. Öyleyse cevap, 9 sayısının dijital yazılışının alt yarısı olmalı: 

57. 19 DAİRE

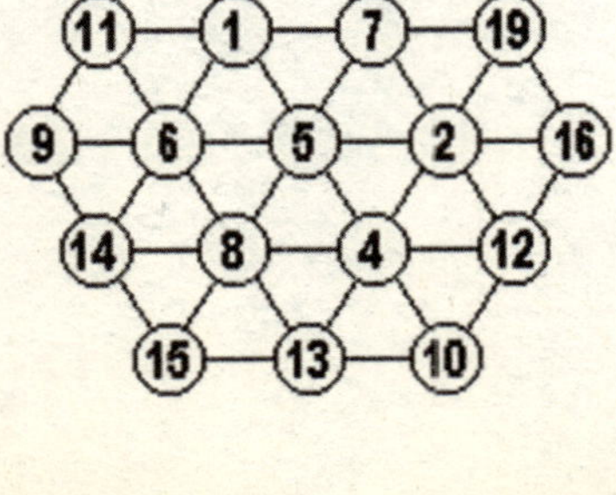

58. ÇARPILAR

X	O	O	X	O	X
O	O	X	X	X	O
X	X	O	O	X	O
O	X	X	O	X	O
X	O	O	X	O	X
O	X	X	O	O	X

59. DAİRE DOLDURMA

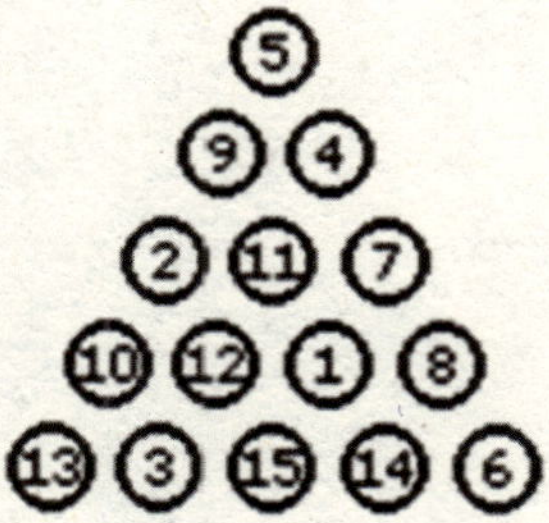

60. KARE BOYAMA

Farklı çözümler olabilir. 2 tanesi aşağıdaki gibidir.

Y	B	M	S
M	S	K	Y
K	Y	B	M
B	M	S	K

K	M	Y	S
S	B	K	M
M	Y	S	B
B	K	M	Y

BÖLÜM 7

A- YORUM VE MUHAKEME YETENEĞİNİ GELİŞTİRME

Beyni geliştirmenin en önemli yollarından birisi de şüphesiz ki yorum ve muhakeme yeteneğini geliştirmektir. Başarının, özellikle de güzel konuşup yazmanın başlıca temellerinden birisi, düşünme ve muhakemedir. Bunun için de düşünme kabiliyetimizi geliştirmemiz gerekmektedir. Düşünmek ile bazen sadece bir şeyi hayal etmeyi kastetsek de bu, aslında eksik bir ifade ediş şeklidir. Çünkü düşünme, sadece bir şeyi hayal etme değil, fikirlerin sistematik bir şekilde birbirini takip etmesidir. Bu yetenek bütün bir öğrenim hayatı boyunca işlenerek, mantık ve matematik bilimleri ile düzenlenerek geliştirilir. Buna rağmen birçok eğitimli kimsede de muhakeme düzensizliklerine sık sık rastlanır. O halde bu konu üzerine eğilerek muhakeme düzensizliklerinden kendimizi korumayı ve kurtarmayı başarmalıyız.

Muhakeme; bir tür akıl yürütmedir. Yorumlamak ise, bir yazıyı, bir sözü, bir metni ya da bir yapıtı, anlaşılması güç yönlerini açıklayarak aydınlığa kavuşturmak, belli bir görüşe göre açıklamak ve yahut da bir olayı, bir durumu belli bir görüşe göre değerlendirmek, açıklamaktır. Görüldüğü gibi muhakeme ve yorum, birbiriyle ayrılmaz bir şekilde ilişkilidir. Muhakemede en fazla rastlanan düzensizliklerden biri acele genelleme yapmaktır. Bir diğeri, hatalı ikilemdir. Bu, bir konuda birçok ihtimal bilindiği halde, onları görmezden gelerek iki şıkka indirmek ve kişiyi bunlardan birini kabule zorlamaktır. Bir üçüncü hata da, aynı durum ve şartlarda olmayan iki ayrı şeyi birbiriyle kıyaslamak ve bu yanlış temelden yanlış sonuç çıkarmaya çalışmaktır.

Genellikle hüküm ve sonuçlarda aşırı iddialı davranırız. Bazı kişiler, kendi tezini ispat etmek için olayları ve delilleri çarpıtarak verir; bazıları ise mantığa aykırı bir sonucu hislere hitap ederek sağlamaya çalışır; sevdiğini aşırı över, sevmediğini aşırı kötüler, karşı olduğu şahıs veya fikre fena bir isim takar, soruyu ters yönden alır veya anlamazlıktan gelir. Muhakemeyle ilgili güçlükleri çözmek için, düşüncelerde orijinal ve üretici olmayı öğrenmek şarttır. Meseleleri, kendimizinkiler de dâhil olmak üzere, objektif olarak ele almalı, mantıklı bir muhakeme yolu takip edebilmeliyiz.

Bir problemin çözümünde, şu mantık sırasını takip etmek yerinde olur:

1. Problemin iyi ve doğru anlaşılması

2. Bu konu üzerinde olabildiğince çok araştırma ve soruşturma yapılması, gereken bilgilerin toplanması

3. Ortaya çıkan çeşitli çözüm ihtimallerinin tespiti

4. Mümkün çözümlerin bir bir denenmesinin tasarlanması

5. Bunlar içinden en iyi, en az riskli çözümün seçilmesi

6. Nihaî çözümün uygulanması

Yorum ve muhakeme yeteneğinde iyi bir analizci olmak önem taşır. Bu nedenle analitik düşünce yeteneğinin gelişmiş olması da yorum ve muhakemeye özel bir fayda sağlayacaktır. Analitik düşünme, karmaşık fikirleri parçalara ayırmak ve bir bütünü oluşturan parçalar ve aralarındaki ilişkileri dikkatli bir şekilde düşünmektir

Bir insanda analitik düşünme becerisi, yaşamın karmaşasında otomatik olarak bir miktar gelişir. Ortalamaların üstüne çıkmak için ise özel çalışmalar gerekebilir. Matematik problemleri çözmek analitik düşünme yeteneğini beslese de, ezbercilikten çok yorumlama gerektiren araçlar kullanılarak analitik düşünme becerisi geliştirilebilir.

Analitik düşünce yapısı ile sorunlara çözüm getirmek için; öncelikle sorunu iyi anlamalısınız. Sorun nedir? Araştırma yaparak konu ile ilgili gerekli bilgileri toplamalısınız. Bu bilgiler ışığında alternatif çözümlerin olup olmadığını kontrol etmelisiniz. Çözümleri uygulamalısınız ve işe yarayıp yaramadığını denemelisiniz. Ve sonra minimum riskli çözümü, nihai çözüm olarak kabul edip uygulamalısınız. Bu konuda özellikle polisiye romanların çok yüksek faydaya sahip olduğu söylenmektedir. Polisiye romanlarla birlikte dedektif filmleri veya karmaşık yapıları birleştirip sonuca ulaşmayı gerektiren çeşitli zekâ oyunları da analitik düşünce yeteneğimizi geliştiren önemli araçlardır.

Yorum ve muhakeme yeteneğini geliştirecek önemli etkinlikler; bol okumak, okuduklarının altını çizmek, metni anlamaya çalışmak ve anladıkları yakında yorumlar yapmak, özetler çıkarmak, farklı ve yaratıcı alternatifler geliştirmek ve ana fikir oluşturmaktır.

B- YORUM VE MUHAKEME YETENEĞİNİ GELİŞTİRİCİ SORULAR

A) MATEMATİKSEL YORUM

1. ÇOCUKLARIN YAŞI

30 yaşındaki bir adamın 3 çocuğu var. Çocukların yaşlarının çarpımı 27'dir. En büyük çocuğun saçları kıvırcıktır. Çocuklar kaç yaşındadır?

2. DOKUZ TOP

Birbirine benzeyen 9 toptan bir tanesi diğerlerinden hafiftir. 2 kollu terazi ile sadece iki tartı yaparak hafif olan topu nasıl bulursunuz?

3. 12'Yİ BUL

Üç adet öyle sayı bulun ki, bunların toplamı 12 olsun. Bu işlemi yaparken 4 rakamını kullanmayacaksınız. Bunu nasıl yaparsınız?

4. TIRMANAN KURBAĞA

Bir kurbağa, 20 metrelik bir kuyuya tırmanırken, saatte 3 metre tırmanıyor, 2 metre aşağı kayıyor. Kaçıncı saatte kuyunun üstüne çıkar?

5. YUMURTA

Yumurtanızı tam 12 dakika kaynatmak istiyorsunuz. Biri 9 dakikalık, diğeri de 6 dakikalık 2 kum saati kullanmamız gerekiyor. Bu işi nasıl çözersiniz?

6. KÂĞIT KESME

12 cm uzunluğundaki bir kâğıdı makasla üç defa keserek eşit parçalara ayırıyoruz. Her bir parçanın uzunluğu kaç cm'dir?

7. PADİŞAH VE KUYUMCULAR

Padişah, yanına 10 kuyumcu çağırıyor ve her birine 100 gram külçe altın veriyor ve diyor ki:

"Her biriniz 10 tane, 10 gramdan bilezik yapıp getireceksiniz!"

Kuyumcular bilezikleri yapıp padişahın huzuruna çıkıyorlar. Padişah, bilezikleri tarttırıyor; 10 x 10 = 100 gram kişi başı olmak üzere, 10 kuyumcu için toplamda 1000 gr gelmesi gereken bileziklerin toplamı 900 gram geliyor. Bu durumda kuyumculardan biri, her bilezikten 1 gram çalmış durumdadır.

Padişah, tartıyı sadece bir kere kullanarak, hırsız kuyumcunun hangisi olduğunu tespit ediyor. Sizce bunu nasıl yapmış olabilir?

8. DÖRT TANE 9

Dört tane dokuz kullanarak 100 sayısını nasıl elde edersiniz?

9. KAREKÖK

$\sqrt{16}$

Bu sayının karekökünü bulunuz

10. SÜT KOVALARI

Aşağıdaki 6, 10, 16 litrelik üç kovadan sadece 16 litrelik olanı süt dolu, diğerleri ise boştur. Buna göre bu üç kovayı kullanarak 8 litre sütü nasıl elde edebiliriz?

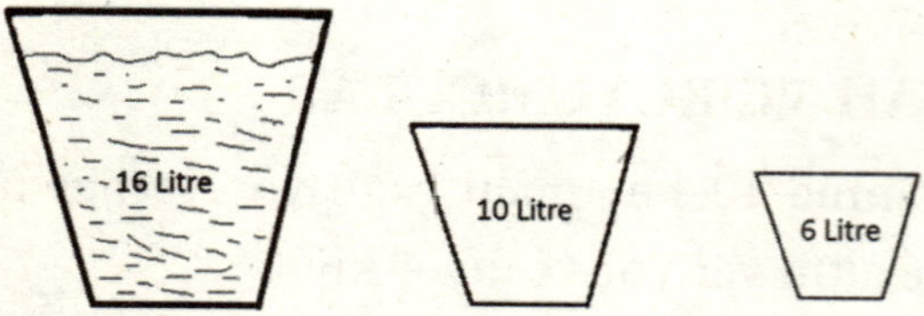

11. KUŞ VE ARABALAR

2 araba karşılıklı olarak yola çıkıyor. Arabalardan birinin hızı saatte 40 km, diğerininki 60 km, aralarında 100 km mesafe var.

Saatte 70 km hızla uçan bir kuş, 1. arabayla birlikte harekete geçiyor. Kuş 2. arabayla karşılaştığında derhal geri dönüyor ve 1. arabanın yanına geliyor. 1. arabayla karşılaştığında geri dönüyor ve bu durum, 2 araba karşı karşıya gelene kadar sürüyor.

2 araba ile karşılaşana kadar kuş kaç km yapmıştır?

12. 5'LER

5+5-5=15

Sadece düz bir çizgi çizerek yukarıdaki eşitliği sağlayın.

13. 1005 SAYISI

1005 sayısının rakamları arasına öyle bir matematiksel işaret koyun ki, sonuç 20'ye eşit olsun.

B) MANTIKSAL YORUM

14. ŞAİR

Bir şair, elindeki fotoğrafa bakarak şunları söyler:

Yalnız büyümüş bir insanım,
Hiç kardeşim yoktur.
Ama bu insanın babası,
Benim babamın oğludur.

Şairle fotoğraftaki kişi arasındaki ilişki nedir?

15. EDİ İLE BÜDÜ

Edi ile Büdü bir odada cansız bir şekilde yatmaktadırlar. Etraflarında kırılmış camlar, suların içinde yüzmektedir. Evin kedisi akvaryum olarak kullanılan kavanozu düşürüp kırmıştır. Edi ile Büdü'nün ölümünü nasıl açıklarsınız?

16. BARDAKLAR

İçi su dolu üç bardağı yan yana diziyorsunuz, aynı hizaya içleri boş üç bardak daha koyuyorsunuz, yani bardakların sırası şöyle oluyor:

1. Bardak: Dolu
2. Bardak: Dolu
3. Bardak: Dolu

4. Bardak: Boş

5. Bardak: Boş

6. bardak: Boş

1 2 3 4 5 6

Yalnız bir bardağı yerinden oynatarak öyle bir değişiklik yapın ki, bardaklar **dolu, boş, dolu, boş, dolu, boş** şeklinde sıralansın.

17. LAMBALAR

Bir evin üst katındaki odada 3 ampul var. Ampulleri yakıp söndüren 3 düğme ise evin giriş katında bulunuyor. Hangi düğmenin hangi ampule ait olduğunu bulmak istiyoruz. Yukarı kata en az kaç kez çıkarak bu işi gerçekleştirebilirsiniz? (Başlangıçta bütün lambalar sönük ve düğmeler kapalı konumda)

18. YOLCUNUN SORUSU

Bir yörede tüm insanların doğru söylediği bir "doğrucular şehri" ile tüm insanlarının yalan söylediği bir "yalancılar şehri" varmış. Yolun ikiye ayrıldığı yere bir adam gelmiş. Tam orada hangi şehirden olduğu belli olmayan bir adam duruyormuş. Yolcu bu adama bir soru sormuş ve Doğrucular Şehri'ne doğru ilerlemeye başlamış. Acaba yolcu adama ne sormuş?

19. RÜYA

Bir adam karısı ile birlikte televizyon seyrediyor. Televizyon seyrederken adam uyuya kalıyor ve rüyasında Kızılderililerin kendisini öldürdüğünü görüyor. Gözlerini açıp uykudan uyanıyor ve karısına hiç bir şey söyleyemeden kalp krizi geçirerek ölüyor. Bu sorudaki mantığa aykırı olan şeyi bulunuz.

20. İKİ BABA-İKİ OĞUL

İki baba-iki oğul bir lokantaya girerler, yemek yerler. Her birinin yediği yemek on lira tutar. Ama lokantaya yalnız otuz lira öderler. Bahşiş de vermezler. Bu nasıl olur?

21. BARDAKLAR VE ŞEKERLER

Elinizde 3 adet bardak var. Bardakların içinde kırmızı, mavi ve diğerinde ise kırmızı ve mavi şekerler karışık olarak bulunmaktadır. Bardakların üzerlerindeki etiketlerdeki isimlerin hepsi yanlış olduğuna göre.

Bardakların sadece birinden bir şeker alarak etiketleri doğru biçimde düzeltebilir misiniz?

22. ÇERÇEVEDEKİ FOTOĞRAF

Bir fotoğraf var çerçevede. Ev sahibine soruluyor:

"Bu fotoğraftaki kimdir?"

O da şöyle cevap veriyor:

"Benim bir kız kardeşim yoktur, erkek kardeşim de yoktur. Fakat benim kaynanamın gelini bu adamın annesidir."

Fotoğraftaki kimdir?

23. GAZETE

Elinizde bir gazete var. Tek sayfalık gazeteyi yere sereceksiniz. Gazetenin bir tarafında siz duracaksınız, bir tarafında ise bir başka kişi olacak. Ancak bu kişi size dokunamayacak bunu nasıl yapabilirsiniz?

24. ATLETLER

Bir zenci ile bir beyaz atlet arasındaki 100 m yarışında daima zenci atlet kazanmaktadır. Zenci atlet ipi her göğüslediğinde, beyaz atlet 97. metrede kalmaktadır. Bu seferki yarışta ise zenci atlet 3 metre geride başlayacaktır.

Yarış nasıl sonuçlanır?

25. ÜÇ BARDAK

10 şekeri üç bardağa öyle koyun ki, elinize aldığınız her bardakta bulunan şekerlerin toplamı tek sayıda olsun. (Alışılmışın dışında yollar deneyin)

26. ÇIRA

Bir adadasınız ve elinizde sadece iki çıra ve bir kutu kibrit var. Uzun çıranın tamamı 60 dakikada yanıyor, kısa çıranın tamamı ise 30 dakikada yanıyor. 45 dakikalık zamanı nasıl bulursunuz?

27. BİFTEK KIZARTMA

İki biftek alan bir tavada 3 adet biftek kızartacaksınız. Bifteğin bir yüzü 10 dakikada kızardığına göre bu işi 40 dakikadan az bir sürede nasıl gerçekleştirirsiniz?

CEVAPLAR

A) MATEMATİKSEL YORUM

1. ÇOCUKLARIN YAŞI

a) 1-1-27 (adam 30 yaşında olursa çocuğu 27 yaşında olamaz)

b) 3-3-3 (en büyük çocuktan bahsedildiği için çocuklar üçüz olamaz)

c) 1-3-9 (doğru cevap)

2. DOKUZ TOP

Toplar 3'er 3'er gruplanır. 3 top terazinin bir kefesine, diğer 3 top da diğer kefesine konur. Kalan 3 top ise dışarıda kalır. Hafif olan taraftaki 3 top alınarak terazinin her iki kefesine 1'er top koyulur ve tartılır. Hafif olan top aradığımız toptur. Ağırlıklar eşit ise hafif olan top dışarıda kalandır.

3. 12'Yİ BUL

Soruda "üç sayı kullanın" deniyor. Genelde böyle denince, üç adet sayıyı yan yana toplamamız gerektiği düşünülür. Burada en kolay yol, 3 tane 4'ü toplamak gibi görünse de, soruda 4 rakamının kullanılmayacağı söyleniyor.

Üç adet sayı kullanacağız. Ama bunların üç tane rakam olması gerekmiyor. Dolayısıyla biz, 3 tane 1'i kullanarak bu işi yapabiliriz.

Yani, 1 1 + 1 = 12 şeklindeki bir çözüm, sorumuzun cevabıdır.

4. TIRMANAN KURBAĞA

18. Saatte kuyunun üstüne varır. 17 saat sonunda 17. metreye varır. 18. saatte kuyunun üstüne çıkar ve bir daha inmez.

5. YUMURTA

9 dakika ve 6 dakikalık kum saatleri aynı anda başlatılır. 6 dakikalık bittiğinde, 9 dakikalık kum saatinde 3 dakikalık kısım kalır. O anda yumurta kaynatılmaya başlatılır. Bittiğinde 9 dakikalık kum saati ters çevrilir ve bitinceye kadar kaynama devam eder.

Sonuç: 3 dakika + 9 dakika = 12 dakika

6. KÂĞIT KESME

1.Parça 1. Kesim **2. Parça** 2. Kesim **3. Parça** 3. Kesim **4. Parça**

Soruyu dikkatle okumadan çözmeye çalıştığımızda, muhtemelen, 12'yi 3'e bölerek, sonuca 4 demeye kalkışacağız; ancak bu sonuç yanlıştır. Çünkü eğer kâğıdı 'üç defa' kesiyorsak, bunu 4 eşit parçaya ayırmış oluyoruz demektir. Dolayısıyla sonuç: 12/4 = 3 cm olacaktır.

7. PADİŞAH VE KUYUMCULAR

Padişah, kuyumculardan aşağıdaki şekilde bilezik ister:

1. Kuyumcudan 1 bilezik, 10gr

2. Kuyumcudan 2 bilezik, 20 gr

3. Kuyumcudan 3 bilezik, 30 gr

4. Kuyumcudan 4 bilezik, 40 gr

5. Kuyumcudan 5 bilezik, 50 gr

6. Kuyumcudan 6 bilezik, 60 gr

7. Kuyumcudan 7 bilezik, 70 gr

8. Kuyumcudan 8 bilezik, 80 gr

9. Kuyumcudan 9 bilezik, 90 gr

10. Kuyumcudan 10 bilezik 100 gr

Bunların toplam ağırlığı 550 gr olmalıdır. Padişah bunları tartar ve ağırlığın 544 gr olduğunu görür. Aradaki fark; 550-544 =6 gram çıkar

Bu durumda, sadece bir kuyumcu hırsızlık yaptığına göre ve toplamda 6 gram eksik olduğuna göre, 6. kuyumcu her bilezikten 1 gr çalmıştır.

8. DÖRT TANE 9

Evet, burada, 4 adet 9 rakamını kullanmamız isteniyor; ancak dikkat ederseniz, herhangi bir işlem sınırlaması yok. Yani dört işlemi de kullanabiliriz, 100 sayısını bulabilmek için.

O halde şöyle bir yol izleyebiliriz:

9/9=1

1+99=100

9. KAREKÖK

Sorunun cevabı 2'dir. Çünkü 16'nın karekökü değil, karekök 16'nın sonucu soruluyor. 16'nın karekökü 4'tür. Bunun da karekökü 2'dir.

10. SÜT KOVALARI

Önce 16 litrelik kovadan 10 litrelik kovaya, 10 litrelik kovadan da 6 litrelik kovaya sütü boşaltırız.

6 litrelik kovadaki 6 litre sütü tekrar 16 litrelik kovaya boşaltırız.

16 litrelik kovada 12 litre, 10 litrelik kovada 4 litre süt vardır.

10 litrelik kovadaki 4 litre sütü, 6 litrelik kovaya boşaltırız.

16 litrelik kovada 12 litre süt vardı. Bunu da 10 litrelik kovaya boşaltırız.

6 litrelik kovada 4 litre 10 litrelik kovada 10 litre, 16 litrelik kovada 2 litre süt vardır.

6 litrelik kovada 4 litre süt olduğu için en fazla 2 litre daha süt alır. 10 litrelik kovada 10 litre süt vardı. Bu sütün 2 litresini 6 litrelik kovaya boşalttığımız zaman 10 litrelik kovada 8 litre süt kalır.

11. KUŞ VE ARABALAR

2 arabadan biri saatte 60 km, diğeri ise 40 km yapıyor. 100 km'lik yolu 1 saatte alırlar; yani 1 saat sonra karşılaşırlar.

Kuş ise, 2 araç arasında bir o tarafa bir bu tarafa gidiş gelişini 1 saat boyunca yapar. Kuşun hızı saatte 70 km olduğuna göre, kuş 70 km yol yapmıştır.

12. 5'LER

5+5+5=15

13. 1005 SAYISI

100 / 5 = 20

B) MANTIKSAL YORUM

14. ŞAİR

Şair, fotoğraftaki kişinin babasıdır.

15. EDİ İLE BÜDÜ

Edi ile Büdü, kavanozun içindeki balıkların isimleridir.

16. BARDAKLAR

Tek bir hamle şansımız var. Ancak soruda diyor ki, "yalnız bir bardağı yerinden oynatarak..." Yani sadece bir bardağı yerinden oynatabiliyoruz ama içindeki suyu başka bir bardağa dökmemizle ilgili bir sınırlama yok. Bu durumda 2 numaralı bardaktaki su, 5 numaralı bardağa dökülürse istenilen diziliş gerçekleşmiş olur.

17. LAMBALAR

1 kez çıkmak yeterlidir. Düğmelerden ikisini açık konuma getirip bir müddet beklersiniz (amaç lambaların ısınmasını sağlamak), sonra bunlardan birini kapatıp bunları kontrol etmek için üst kattaki odaya çıkarsınız. Karşınızda bir adet yanan lamba, bir adet yanmayan ama sıcak lamba ve bir adet de yanmayan soğuk bir lamba olacak. Buna göre düğmeleri belirlersiniz.

18. YOLCUNUN SORUSU

"Senin şehrine hangi yoldan gidilir?"

Eğer adam Doğrucular Şehri'nden ise doğru yeri gösterecektir. Yalancılar şehrinden ise yine doğrucular şehrini gösterecektir.

19. RÜYA

Adam uykudan uyandığında karısına hiçbir şey söylemeden öldüğüne göre rüyasında kızıl derililerin kendisini öldürdüğünü kim biliyor?

20. İKİ BABA-İKİ OĞUL

Lokantaya gelenler sırasıyla şu kişilerdir:

Dede, baba ve torun…

21. BARDAKLAR VE ŞEKERLER

"Karışık" yazan bardaktan bir şeker alırız. Buradan mavi şeker çıktığını kabul edelim. Etiketlerdeki ibareler yanlış olduğuna göre, bu bardaktaki şekerler karışık olamayacağından şekerler mavidir.

"Mavi" yazan bardaktaki etiketi alıp "karışık" yazan kutuya yapıştırırız.

"Karışık" yazan etiketi de "kırmızı" yazan bardağa yapıştırırız. Çünkü ibareler yanlış olduğundan, kırmızı yazan bardakta kırmızı şeker yoktur. Ya mavi ya da karışıktır. Mavileri tespit ettiğimize göre, burası karışıktır. Geriye kırmızı şekerlerin bulunduğu ortadaki bardak (eskiden mavi yazan bardak) kalıyor. Buraya da "kırmızı" yazan etiketi yapıştırırsak işlem tamam olur.

22. ÇERÇEVEDEKİ FOTOĞRAF

Fotoğraftaki kişi, ev sahibinin oğludur.

23. GAZETE

Gazeteyi kapının altından, kapının diğer tarafına uzatırız. Gazetenin ucundaki diğer kişi kapının arkasında kaldığından dolayı bize dokunamayacaktır...

24. ATLETLER

Yarışı yine zenci atlet kazanacaktır; çünkü 97. metrede 2'si yan yana gelirler; son 3 metrede ise zenci atlet daha hızlı olduğundan, küçük bir farkla yarışı kazanır.

25. ÜÇ BARDAK

Birinci bardağa 1 şeker,

İkinci bardağa 2 şeker,

Üçüncü bardağa 7 şeker koyun.

Sonra birinci bardağı ikinci bardağın içine koyun, böylece ikinci bardakta toplam 3 şeker bulunmuş olur.

26. ÇIRA

İki çıra uç uca eklenir ve iki ucundan yakılır. Çıraların hepsi yandığı an 45 dakikalık zaman geçmiş olur.

27. BİFTEK KIZARTMA

İşlem için 30 dakika yeterlidir.

Bifteklere A, B, C; yüzlerine ise 1 ve 2 diyelim.

İlk on dakikada A1 ve B1 kızartılır.

İkinci on dakikada A2 ve C1,

Son on dakikada ise B2 ve C2 kızartılır.

BÖLÜM 8

SÜPER BİR BEYNE SAHİP OLMANIN YOLLARI

Zihinsel Güçlerinizi Açığa Çıkartın!

Hafıza ve zekâ uzmanı Cemal Kondu konuyla ilgili olarak şunları dile getiriyor:

"Bir gün gittiğim bir arkadaş toplantısında birisi ile tanıştım. Kendisine mesleğini sorduğumda bana araştırmacı olduğunu söyledi. Böyle bir meslek var mı demeyin, o güne kadar ben de olmadığına emindim. İyi de, ne iş yapar bu araştırmacılar, neyi araştırırlar sorularına aldığım cevap inanın daha şaşırtıcıydı.

'Hayatta görünmeyeni görmek üstüne çalışıyorum.' dedi. Böyle bir cümleyi söyleyen birine bakış açınız ne olursa benimki de aynen öyleydi. Oysa konuşma devam ettikçe bu araştırmacı adamın gerçekte para kazanmak için bir şirkette çalıştığını öğrendim. Araştırmacılığın da bir laboratuar çalışması olabileceğini düşündüm. Yine yanıldım; çünkü şirketteki görevi, muhasebe bölümünde üst düzey yöneticilikti. Peki, ya araştırdığı bu görünmeyeni görmek de neydi?

Sorularıma hep cevap alıyordum, ancak her seferinde yeni sorular geliyordu. Kötü bir histi, sanki benimle dalga geçiyor gibiydi. Her soruya samimi cevaplar alıyordum ama bu beni sonuca götürmüyordu. Artık soru sormaktan vazgeçeceğimi hissettiği anda bana her şeyi kendiliğinden ve dolaysız anlatmaya başladı.

Hayatta aradığı şey mutlak BAŞARI, bunu bulmada kullandığı yöntem ise analiz etmekti.

'Görünmeyeni görmekten kastettiğim elbette ki, metafizik varlıklar değil. Ben bir falcı, ya da medyum değilim. Yalnızca aklımızın bize oynadığı bazı oyunlar nedeniyle birçok zaman içinden çıkamadığımız kriz anlarında doğru kararlar verebilmek üzerine çalışıyorum.' dedi. Bir tür kriz yöneticisi olarak tarif etti.

'Gündelik hayatımızda o kadar çok kriz anı yaşıyoruz ki, bunların çoğunu fark etmeden yaşıyoruz. Dolayısıyla aldığımız kararlar genellikle önceki tecrübelerimiz doğrultusunda oluyor. Her zaman başarılı oluyor muyuz?' diye sordu. Demek istediği şey analiz etmekti. Hayatın her alanında durumu en iyi şekilde değerlendirmek, neden bunu 'görünmeyeni görmek' olarak tanımlıyordu? Cevabı kendim bulmuştum, bana durumu yaşatarak öğretmişti. Kalıplar içinde boğulup cevabı göremiyor ve hala sorular üretip kendimi bir kriz anının içine sürüklüyordum. İşte bu cümle hayatımda bir dönüm noktası oldu.

Konuya dışarıdan, ya da farklı bir gözle bakmak gerekiyordu. Bunu yapabilen insanlarla tanıştım. Birçok yönetici sorunlarla hiç takılmadan akılcı çözümler üretebildikleri için başarılıydı. Bu kriz yöneticileri arasında öğrenciler vardı. En çok buna şaşırmıştım. Hayat bir bütündür ve başarı hayatımızın her alanında hedefimiz olmalıdır. Gündelik ilişkilerimizde, derslerimizde, işimizde…

Hayat işte hep aynı… Aynı okul, aynı arkadaşlar, aynı öğretmenler, aynı ev, aynı aile, aynı sorular, aynı dersler… 'Ne farklı ki, ben farklı bir gözle bunları değerlendirmeliyim?' diyebilirsiniz. Eğer siz şu anda baktığınız gözle bakmaya devam ederseniz hepsi aynı, ama bir başka açıdan bakarsanız her gün yeni bir başlangıç. Kendinizi geliştirdiğiniz, yaratıcı düşünme tarzını benimsediğinizde her gün yeni bir kişi olarak doğacaksınız. Hayatımızın değişmezi olan bu olgulara karşı bakış açınızı değiştirdiğinizde daha önce fark etmediğiniz, hatta varlığından bile haberdar olmadığınız birçok şeyi hayatınızın içinde bulacak, görünmeyeni görmüş olacaksınız diyorum. Hadi görünmeyeni görelim. Bu keşfe çıkmaya hazır mısınız?

Hadi biraz özeleştiri yapalım. Önünüze bir sorun çıktığında kaç çözüm yolu bulabilirsiniz? Sonuç bizimle ilgili olacağı için genellikle en çok çıkar sağlayabileceğimizi düşündüğümüz bir sonuç bulur ve ona saplanır kalırız. Oysa bir arkadaşımızın sorunuysa bu çözmeye çalıştığımız durum, birkaç alternatif çıkarabiliriz. Kendi sorunlarımızda ise bulduğumuz, sonucundan emin olamadığımız sonuca kilitlenip kalırız, başka yollar bulabilmeyi imkânsız hale getiririz. İşte kriz anı budur.

Bu çözümsüz kilitlenmeleri en çok öğrencilik hayatımızın en zorlu periyodu olan sınavlarda yaşarız. Her çözdüğümüz soru bir kriz anıdır. Belki en başarılı yönetici bile bir günde, sınava hazırlanan bir öğrencinin çözdüğü kadar çok sorun çözmez.

Her sorunun tek bir cevabı varken, nasıl olurda farklı alternatifler ararız sorusu aklınıza gelecektir. Sonuç değişmez, ancak sizi sonuca götürecek olan yol herkes için farklı olabilir. Evden okula, otobüs, metro, servisle gidebileceğiniz gibi yürüyebilirsiniz de. Varacağınız yer değişmez, harcayacağınız zaman tamamen farklıdır. Sınavlarda sizi başarılı yapacak olan sadece bilginiz değildir. Bu bilgiyi doğru zaman kullanımıyla harmanlayabilirseniz başarı sizindir.

Sınavlarda birçok öğrencinin önüne geçmenizi sağlayan sorular genellikle ya çelişkili şıkları olan, ya da yoruma dayalı olan sorulardır. Bu soruların çözümünde bilgi şarttır, ancak bilgiyi yorumlayıp en kısa zamanda çözüme ulaşmak herkesin yapabildiği bir şey değildir. Bunu yaratıcı düşünme sistemi ile herkesin yapması mümkündür. Çok zeki olmak gerekmez. Nasıl yapılacağı önemlidir. Öğrenciler genellikle bu soruların zor olduğunu söyler. Oysa bu soruları zor yapan sizin o soruya saplanıp kalmanıza neden olan yüzeysel görünen yönlendirmedir, bunun doğru olmadığını bilirsiniz ancak neyin yanlış olduğunu o an anlayamazsınız. Sınavdan çıkar çıkmaz soruyu çözersiniz. Sonrada neden sınavda çözemedim ben bunu diyerek kendinizi üzersiniz. Görünene saplanıp kalmadan yaratıcı düşünme ve problem çözme yeteneği kazanmak için çıktığımız bu keşfin ilk adımı zihnimizi değişime açmak ve bunu kalpten istemektir. Değişim ve başarı bundan sonra çok kolay gelecektir. Artık çözüme hazırsınız."

Beyni En Yüksek Kapasitede Kullanmanın Formülünü Biliyor Muydunuz?

İngiliz hafıza uzmanı Doktor Tracy Packiam Alloway, beyni en yüksek kapasitede kullanmanın formülünü şöyle veriyor:

1. Beynini çalıştır: Araştırmalara göre beynini diğerlerinden fazla kullananlar daha az hafıza problemi yaşıyor.

2. Hızlı konuş: Hızlı konuşmak, kısa süreli hafızayı güçlendiriyor, kısa kelimeler daha kolay hatırlanıyor.

3. Ses önemli: Okunuşları birbirlerinden farklı olan kelimeler daha kolay ezberleniyor.

4. Değişik kelimeler kullan: Günlük hayatta her zaman kullanılan kelimelere farklı kelimeler eklenmesi hafızayı güçlendiriyor.

5. Oyun oyna: "30 saniyede P harfiyle başlayan kaç hayvan ismi sayabilirim?" gibi oyunların hafızaya büyük katkısı var.

6. Konuşmaya ara ver: Bazen planlardan bahsetmek yerine, bunları sadece beyinde düşünmek daha yararlı olur.

7. 15 dakika egzersiz: Günde sadece 15 dakika yapılacak fiziksel egzersiz, gün boyunca beynin daha iyi çalışmasını sağlıyor.

8. Hiçbir zaman geç değil: Yapılan çalışmalar, 85 yaşındaki birinin bile hafızasını güçlendirmek için bir şeyler yapabileceğini gösteriyor.

Beynin 8 İlacı

Uzmanlar, hafıza ve zekâ körelmesinin önüne geçerek beyin gücünü artıracak 8 maddelik bir öneri listesi hazırladı. İşte beyin gücünüzü artıracak faktörler:

1. Yiyecekler: Protein açısından zengin besinler yarar sağlıyor. Düzenli kahvaltı yapmak da zihinsel performansı artırıyor; gazlı içecekler tam tersi etki yapıyor.

2. Müzik: Özellikle Mozart dinlemenin matematiksel zekâyı artırdığı ve müzik derslerinin, çocukların IQ'sunu yükselttiği belirlendi. Ancak pop müziğin böyle bir etkisi görülmedi.

3. Zihinsel egzersizler: Zor matematik soruları zekâyı keskinleştiriyor. 5 hafta boyunca zihinsel egzersiz yaptırılan çocukların IQ"su 8 puan yükseldi.

4. Hafıza oyunları: İskambil destesindeki her kartı bir karakterle özdeşleştirip tüm karakterlerin yer aldığı bir hikâye yaratarak, 52 kartı sırasıyla hatırlayabilirsiniz.

5. Uyku: 21 saat boyunca uyumamak, beyin üzerinde sarhoşluk gibi bir etki yaratır. 2 saatlik çalışmadan sonra iyi bir gece uykusu uyumak, öğrenmeyi kolaylaştırır.

6. Yürüyüş: Haftada 3 kez yarımşar saat yürüyüş yapmak; öğrenme, konsantrasyon ve mantık gücünü yüzde 15 artırır.

7. Hobiler: Örgü ören, bulmaca çözen yaşlıların Alzheimer gibi hastalıklara yakalanma riskinin daha az olduğu tespit edildi.

8. Konsantrasyon: Bu da beyin için önemli bir egzersiz! Bir iş üzerindeyken, kısa süreli bir dikkat dağılması sonrasında yeniden konsantrasyon sağlamak yaklaşık 15 dakika sürer.

Süper Bir Beyin Sahibi Olabilmek İçin 25 Öneri

1. Aynı anda birden fazla iş yapmayın: Beynimiz, bir anda sadece bir şeye konsantre olabilir. Bu, kanıtlanmış bir bilimsel veridir.

2. Beyin egzersizleri yapın: Okul hayatımız bitince çoğumuz öğrenmeyi bir kenara bırakırız. Beyninizi öğrenilecek konularda meşgul tutun daima. Yeni bir dil, bir müzik aleti çalmak ya da yeni bir el becerisi…

3. Dünya bir harikalar diyarı: Daima sorular sorun, merak edin ve dünyanın gizemlerini keşfetmeye açık olun. Gördüğünüz ve duyduğunuz her şeye inanmayın; bu, beyninizi statikleştirir. Araştırın, sorgulayın…

4. Beyninizin her iki yarısını da kullanın: Sol beynimizi mantıksal durumlar, matematiksel problemler için kullanırız. Yaratıcılık gerektiren durumlarda ise sağ beynimizi kullanırız. Uğraşı alanlarınıza bakarak hangi yarıyı kullandığınızı tespit edip diğer yarıyı geliştiren aktivitelerde bulunun.

5. Uyku düzeninize dikkat edin: Bedenimiz kadar beynimiz de uykuya ihtiyaç duyar. Kaç saatlik uykuda beyninizin daha iyi çalıştığına, kaç saatin size fazla ya da az geldiğine karar verin. 5-6 saatten az, 7-8 saatten fazla uyumayın.

6. Uyku öncesi beyninizi besleyin: Geceleyin, beyin, enerji üretmek yerine sessizlik halinde gün içinde gerçekleşen olayların üzerinden geçer, bunları işler. Bu yüzden geceleyin işlemesi için yatmadan önce beyninize malzeme verin. Yani yeni bir şeyler öğrenin, bir şeyler okuyun ki beyniniz gece bunları işlesin, ertesi sabah o bilgileri öğrenmiş olarak uyanın.

7. Yürüyerek okuyun: Hareket etmek, vücudunuzdaki kan akışını hızlandırarak beyne daha fazla kan gitmesini sağlar. Kitap okurken yürürseniz (emniyetli bir yerde) okuduklarınızı daha hızlı ve iyi anladığınızı göreceksiniz.

8. Sosyal bir insan olun: Arkadaşlarınızla görüşün, sohbet edin. Yeni sosyal ortamlara katılın. Bu beyninizin yaşlanmasını önler, onu dinç tutar.

9. Bitter çikolata yiyin: Bitter çikolata önemli bir beyin kimyasalı olan, öğrenme ve hafıza için yararlı dopaminin salgılanmasını sağlar.

10. Şarkı ezberleyin: Dinleme becerinizle hafızaya kaydetme becerinizi birlikte aktifleştirmek için sevdiğiniz bir şarkının sözlerini ezberleyin.

11. Beyni çalıştıran eden filmler izleyin: Bilim-kurgu, gizem ve psikolojik konulu filmler izleyin. Bunlar beyni ve zihni aktif tutar.

12. Bol bol gülün: Gülmek, bağışıklık sistemini canlandırır, beyni rahatlatarak endorfin salgılanmasını sağlar. Böylece öğrenme kolaylaştırır.

13. Pozitif düşünün: Olumlu düşünmek beyni canlı tutmanın harika bir yoludur. Negatif düşünürseniz zihin baskılanır, stres altına girer.

14. Şükredin: Şükür, mutluluk düzeyini artırıp stresi azaltarak hem vücudu hem de beyni rahatlatır.

15. Gündemi takip edin: Beyninizi, güncel gelişmeler ve haberleri takip ederek canlı ve fit tutun.

16. Dans edin: Dans beden ve beyin için mükemmel bir egzersizdir. Yeni bir dans öğrenmek bilişsel becerilerinizi, motor becerilerinizi, mekânsal farkındalığınızı ve sosyal yeteneklerinizi artırır.

17. Top fırlatın: Yanlış duymadınız. Topu havaya fırlatıp tutmaya çalışmak duyu-güdümlü hareketi geliştirir. Aynı zamanda beynin görsel, dokunsal ve el-göz koordinasyonu gerektiren cevaplarını güçlendirir. İlerleyen yaşlarda da bu becerilerin güçlü olmasını sağlar.

18. Seyahate çıkın: Yeni yerler görmek ufkunuzu genişletir, bakış açınızı farklılaştırır.

19. Kısırdöngünün dışına çıkın: Gün içinde hep aynı şeyleri yapıyorsanız, değişiklik yapmanın yollarını arayın. Beyin canlı ve aktif kalabilmek için farklılık ister.

20. Eski fotoğraflara bakın: Bu, anıları canlı tutmaya ve beyin hücreleri arasındaki bağlantıların güçlendirilmesine yardımcı olur.

21. Sıra dışı bir şeyler yapın: Bungee jumping, paraşüt atlama, dağa tırmanma, helikopter gezisi gibi sıra dışı şeyler yapın. Beyninizi şaşırtın, böylece canlansın.

22. Şekerleme yapın: Gün içinde 10 dakikalık şekerleme yapmak zihin bulanıklığından koruyarak beyninizi tazeler, fonksiyonlarını hızlandırır.

23. Su için: Su, hücre fonksiyonlarını güçlendirir, baş ağrısını azaltır. Günde 7-8 bardak su için.

24. Kritik düşünme becerilerinizi geliştirin: Kritik düşünme; kendiniz ve dünya hakkında kendinize sorular sorup bunlara cevap arama, düşünmeden doğru kabul ettiklerinizi sorgulama, okuduğunuza ve duyduğunuza eleştirel yaklaşma yoluyla geliştirilir.

25. Diğer elinizi kullanın: Aktif olarak kullandığınız elin dışındaki diğer elinizi kullanın. Bu elinizle saçınızı tarayın, dişlerinizi fırçalayın, masayı silin mesela... Böylece beyninizin pasif kalan diğer yarısını kullanmış olursunuz.

Sağlıklı Düşünme Becerileri

Sağlıklı düşünme becerisini geliştiren kişi;

- Sorunlu durumlardan rahatsızlık duymaz ve belirsizliğe karşı hoşgörülüdür.
- Kendi kendini eleştirir ve çözüm yolları arar.

- Dikkatli ve yansıtıcı bir düşünmeye sahiptir.
- Akılcılığa değer verir, düşünmenin etkili olduğuna inanır.
- Amacı bulmada dikkatli ve geniş düşünür.
- Sorgular ve gerekli olduğunda amacı değiştirir.
- Çoklu olasılığa açıktır, alternatif çözüm yollarını dikkate alır.
- Olasılıkları analiz ederken dikkatli ve geniş düşünür.
- Tercih edilen olasılığın tersine kanıtları bulma eğilimindedir.
- Başlangıçta güçlü olan olasılıkların karşısındaki zayıf olan olasılığın lehinde olanları da hesaba katarak bilinçli bir çabayla kanıt toplamaya çalışır.

Sağlıklı düşünemeyen kişi;

- Sürekli kesinlik arar ve belirsizliğe karşı hoşgörüsü ya hiç yoktur ya da azdır.
- Kendi kendini eleştirmez; aklına gelen veya kendine sunulan, mantıklı gözüken ilk seçenekle yetinir.
- Aceleci düşünür ve bir düşünce tam olgunlaşmadan bir başka düşünceye geçer.
- Akıl yürütmeden, içten geldiği gibi karar verir ve ayrıntılı düşünmenin fazla işe yaramadığına inanır.
- Amacı bulmada aceleci ve dar düşünür.
- Amacı sorgulamaz, gerektiğinde değiştirmez.
- Sınırlı sayıda olasılıkla uğraşmayı tercih eder.
- Olasılıkları seçerken acelecidir.
- Tercih edilen olasılığın tersine kanıtları görmezlikten gelir.

• Yalnızca başlangıçta güçlü olan olasılığın lehine kanıt toplamaya çalışır.

Beynini İyi Kullanan İnsanın 35 Özelliği

1- Hayatın ne şeker gibi tadına, ne de biber gibi acısına kanar.

2- Onun için hayatın her ayrıntısı keşfedilmeyi bekleyen bir hazine saklar içinde.

3- Elinden geleni yaptığı halde kendini çaresizliğe düşmüş hissederse sakinliğini korur ve durumu zamana bırakır. Zaman onun için şifa yüklü bir ilaçtır.

4- Aklını kullanmanın bir günde öğrenilemeyeceğini bilir. Yaşamını aklını en etkin biçimde kullanmayı öğrenme serüveni olarak görür.

5- Geçen her dakikanın kıymetini bilir. Boşa geçen yıllarından önce, dilediği gibi değerlendiremediği dakikalar, hatta saniyeler için üzülür.

6- Aklının her şeye eremeyeceğini kabul eder. İnsan zihninin uzanamadığı kuytu köşelere sokulmak için ruhunu ve kalbini el feneri yapar kendine.

7- Paylaşılarak yenen bir lokmanın bir başına yenen üç lokmadan daha doyurucu ve tatlı olduğunu tecrübe etmiştir.

8- Başkalarının hatalarını kollamak yerine, birçok doğrunun birçok eğriyi doğrultacağını görür. Bu yüzden insanların olumlu yönlerine odaklanır.

9- Sonuçlara varmak için acele etmez. Farklı olasılıkları da hesaba katarak herkes için en doğru kararı vermeyi amaçlar.

10- Bir sözü söylemeden önce etraflıca düşünür. Bir kere ağızdan çıkanın geriye dönmeyeceğini, dil yarasının kolay kolay kapanmadığını bilir.

11- Onun için, gördüğü bir yanlış ve haksızlık karşısında susmak, duruma göz yummak anlamına gelir. Başkasının uğradığı bir adaletsizliğin günün birinde kendi kapısını da çalabileceğini aklından çıkarmaz.

12- Sık sık vicdanını sorgular. Aklını kullanarak verdiği kararların ya da söylediği sözlerin kalbini rahat bırakıp bırakmadığını kontrol eder.

13- Bugünkü davranışlarının yarını şekillendireceğini düşünür. Yani geleceğin aslında bugünde gizlendiğinin farkındadır. Bu nedenle içinde bulunduğu anın güzelliklerini keşfedip sepetine atar.

14- Bir problemle karşılaştığı zaman çözüm yollarının problemlerden daha fazla olduğunu bilir. Ağlanıp sızlanmak yerine hemen çözümün peşine düşer.

15- Kendi doğrularının diğerleri için de doğru olması gerektiğini düşünmez. Hayatta farklı doğrular olabileceğini, bu doğru yolların günün birinde tek bir doğruda kesişebileceğini aklından çıkarmaz.

16- Doğrunun her yerde geçerli olduğunu ancak her doğrunun her yerde söylenmeyeceğini bilir.

17- Kendisini samimi bir şekilde onun yerine koymadan asla bir kişinin verdiği kararları yargılamaz, eleştirmez.

18- Ne yağmurda ıslanmaktan korkar, ne güneşin ışıklarından köşe bucak kaçar. Yaşamın kimi zaman sırılsıklam edeceğini, bazen de kavuracağını bilir.

19- Sık sık dönüp bakar kendi içine. Sözleri, davranışları, öfkesini durduramadığı, çevresindekileri incittiği anlar hakkında kendine sorular sorar.

20- İyiliği iyilik görmek için değil, ruhuna iyi geldiği, onu tazelediği için yapar.

21- Dert ve kederin bir insandan diğerine konan bir kuş gibi olduğunu bilir. Bugün gülenin yarın ağlaması hayatın en doğal gerçeğidir onun için.

22- Ne mutlu olduğunda yere göre sığmayan bir sevince, ne de üzgün olduğunda kapkara bir kedere bürünür. Neşeyi de sevinci de aynı doğallıkla misafir eder hayatında.

23- Acele etmez. Telaşla atılan adımların bir süre sonra kendisine çelme takacağını sezer.

24- Sabreder. Her şeyin bir vakti olduğunu bilir. Sabretmenin sineye çekmek, eli kolu bağlı oturmak değil doğru zamanı beklemek olduğunun farkındadır.

25- Kendisine verilen zamanı en etkin biçimde kullanarak ne boşa vakit harcar, ne de iki ayağını bir pabuca sokar.

26- Ümit besler, onu hep canlı tutar. Ümitsiz alınan nefesin verilmeye değmeyeceğini bilir.

27- Sakindir ve sakinleştirir. Sürprizlerin kapımızı aniden çalacağını, yaşamın durgun bir deniz olmadığını öğrenmiştir. O, ansızın çıkan fırtınaya da, rengarenk gökkuşağına da hazırlıklıdır.

28- Darda kalanın halinden anlar. Kendi sıkıntı içinde bile olsa yardım isteyene elini uzatmanın bir erdem olduğunu bilir.

29- Çıktığı kapıyı hiçbir zaman vurmaz. Bir gün geri dönmek zorunda olacağının farkındadır.

Kendisine söyleneni, paylaşılan derdi can kulağıyla dinler. Her anlatılandan alınacak bir ders, her derde sunulacak bir damla ilaç vardır onda.

30- İnsanları değiştirmeye çalışmaz. Her insanın bir bütünün farklı bir rengi, başka bir yüzü olduğuna inanır.

31- Ne hiç işitilemeyecek kadar yüksek sesle, ne de herkesin kulak kesileceği bir fısıltıyla konuşur.

32- Eğriyi ve doğruyu tartan terazisi çok hassastır. Bu ikisini birbirine karıştırmaz.

33- Kimsenin hayallerini yıkmaz. Gerek dışı olsalar bile... Hayallerin ve gerçeklerin arasına keskin çizgiler çekmez.

Kötü şeyler görmekten, kötü sözler işitmekten, kötü laflar etmekten sakınır. İyilik bulacağı ve iyilik sunacağı yerlerde bulunmaya gayret eder.

35- Bir görevin ya da ödevin ne zaman sonuçlandırması gerektiğini öngörüsüyle kestirir.

Çevik Bir Beyin İçin 20 Taktik

1. Yoğun ve ağır bir kahvaltıdan kaçının. Fazla tüketilen ekmek, kek, poğaça, açma, börek gibi hamur işleri beyin damarlarımızı bloke eder.

2. Gün içinde öğün ve öğün aralarında aşırı yememeye dikkat edin. Bu sizi yavaşlatır, yorgun düşürür ve cansızlaştırır.

3. Kendinizi aç hissediyorsanız ve yeteri kadar zamanınız yoksa fast-food tarzı yemekten ziyade yağsız protein içeren besinler tercih edin. Mesela kırıp kaynar suda pişirilen ya da rafadan yumurta, light peynir veya yoğurt... Boş mideye giren sade protein dopamin ve asetilkolin gibi beyin nörotransmitterlerinin üretimini hızlandırır.

4. Gün içinde çiğ sebze ve meyvelerden ve bunların sularından oluşan öğünleri tercih edin. Bu, vücudunuza detoks uygular, yani bedenin arınmasını sağlar. Ayrıca

beyni besleyerek sağladığı antioksidanlarla serbest radikallerden korur.

5. Som balığı, ton balığı, kılıç balığı, uskumru, hamsi ve sardalya gibi balıkları bol bol yiyin. Balık yağı beyin ve hafıza gelişiminde önemli rol oynayan, öğrenme becerisini ve zihinsel kapasiteyi geliştiren omega 3, DHA ve EPA gibi temel yağ bileşimleri içerir.

6. Keten tohumu harika bir omega 3 temel yağ asidi kaynağıdır. Salatanın ya da yoğurdun içine bir tatlı kaşığı keten tohumu atabilir veya alternatif kullanım çeşitlerini deneyebilirsiniz. Omega 3 eksikliği ya da dengesizliği bazı beyin rahatsızlıklarının ve zihinsel yaşlanmanın kaynağı olarak biliniyor.

7. Balık yağı kapsülü kullanın.

8. Alkolden uzak durun; zira alkol, beyin hücrelerini hasara uğratır.

9. Granül halinde satılan soya lesitin tüketin. Soya lesitin; optimum beyin fonksiyonları için gerekli kolin, inositol ve fosfor gibi maddelerce zengindir.

10. Şeker tüketiminizi en aza indirin. Şekerlemelerden, hazır satılan şekerli meyve sularından, dışarıda satılan pasta, kek ve bisküvilerden uzak durun. Yani, abur cuburla aranız açık olsun biraz. Bunlar kan şekeri dengesini bozar ve insülin duyarsızlığına yol açar. (Pankreasın salgıladığı insülin etkisi ile kan şekeri kontrolü sağlanır, fakat bazen bu salgılanmış olan insüline karşı periferik dokular direnç gösterir ve insüline gerekli yanıt sağlanamaz, buna insülin duyarsızlığı denir.) İnsülin duyarsızlığı, beynin ihtiyaç duyduğu enerji miktarının yeterli ölçüde sağlanamamasının temel nedenidir.

11. Optimum beyin fonksiyonu sağlamak için vücudunuzu multivitaminler ve antioksidanlarla destekleyin. B vitamini, beyindeki nörotransmitterlerin ve hormonların üretiminde katalizör görevi görür. Tek bir vitaminin eksikliği bile beyin fonksiyonlarını zayıflatır.

12. Ginkgo biloba tüketin. Yapraklarından yapılan çay veya kapsül olarak kullanabilirsiniz. Konsantrasyon yeteneğinin gelişmesini ve hafızanın güçlenmesini sağlar. Ayrıca Alzheimer'ı önler.

13. Ginseng bitkisi gün boyunca tonik etkisi görür ve zihinsel aktiviteyi güçlendirir. Günün sonunda alınması önerilir. Beyin üzerinde sakinleştirici etkisi vardır.

14. Nişasta, patates, pirinç, makarna, buğday ve tahıldan yapılma ürünler kompleks karbonhidratlardır. Bunlar iyi hissetmemizi ve sakinleşmemizi sağlayan serotonin hormonunun salgılanmasını hızlandırırlar.

15. Triptofan (proteinlerin çoğunda bulunan, organizma için gerekli aminoasit) açısından zengin besinler yiyin. Mesela yatmadan önce ballı ya da muzlu sıcak süt harika olacaktır. Triptofan, sağlıklı bir uyku döngüsü için gerekli serotonin ve melatonin hormonlarının salgılanması için son derece önemli bir yapı bloğu proteinidir. Melatonin beynimizi yaşlanmayla ilgili hastalıklardan korur, ayrıca antioksidon olarak işlev görür ve kansere karşı etkilidir.

16. Yeterli ölçüde multi-mineral aldığınızdan emin olun. Kalsiyum ve magnezyum gibi mineraller optimum zihinsel kapasite, istikrarlı bir ruh hali ve gerilimden kaynaklanan baş ağrısını önlemede hayati rol oynar. Mineraller beynimizi kurşun ve civa gibi toksik metallerden korur.

17. Hidrojene yağlardan ve trans yağ asitlerinden uzak durun. Yani margarin, pasta, kek, kurabiye, bisküvi, çerezler, cipsler, salata sosları, kızartma yiyeceklere dur demelisiniz. Bunlar beyin fonksiyonlarının işleyişini bozarak beyne zarar verir.

18. Yeşil çay, beyin gücünü artıran ve beyni serbest radikaller ile toksinlerden koruyan harika bir içecektir.

19. Kahve dopamin hormonunun salgılanmasını sağlar. Kahvenin boş mideye, şekersiz ya da çok az şekerli olarak içilmesini öneririz. Abartmamak kaydıyla içilen kahve beyin fonksiyonlarını hızlandırır, ruhsal olarak da bizi yükseltir. Çikolatanın içerdiği kakaonun da beyni koruyan antioksidan içerdiği bilimsel olarak kanıtlanmış durumda.

20. Yaban mersiniyle sıkı fıkı dost olun. Çünkü bu meyve maksimum düzeyde antioksidan içeriyor, dolayısıyla en favori beyin besinlerinden biri olarak anılıyor.

Bir Haftalık Beyin Egzersiz Faaliyeti

Hangimiz bir gün yataktan kalkıp da daha akıllı olduğumuzu görmek istemeyiz ki? Bu dilek her ne kadar ütopik olarak görülse de bir bilim adamının yöntemi, 1 hafta gibi kısa bir sürede, zekâyı yüzde 40 oranında artırmanın mümkün olduğunu ortaya koydu.

Beynin herhangi bir kas gibi olduğunu ve egzersizlerle güçlenebileceğini öne süren İskoçya'daki Edinburgh Üniversitesi'nin Biyomedikal Bölümü'nden Prof. Mark Lythgoes'in 1 hafta süren programı BBC'de yayınlandı.

Programa katılan 100 kişinin IQ'larında, yüzde 40 oranına varan artış görüldü. Bu artış, katılımcıların programa katılmadan önce girdikleri testle, programdan sonra uygulanan test sonuçları karşılaştırılarak elde edildi.

İşte bir haftalık program:

Pazartesi: Akşam yemeğinde yağlı balık yiyin. İşe ya yürüyerek ya bisikletle ya da daha önce kullanmadığınız bir araçla gidin.

Salı: Sözlükten bilmediğiniz sözcükleri öğrenin ve bunları günlük konuşmanızda kullanmaya çalışın.

Çarşamba: Yoga, pilates ya da meditasyon derslerine katılın. Daha önce tanımadığınız bir insanla konuşun.

Perşembe: İşe daha önce kullanmadığınız bir yoldan gidin. Televizyondaki ciddi bilgi programlarını izleyin.

Cuma: Alkol ve kafein tüketmekten kaçının. Alışverişe çıkarken listeyi ezberlemeye çalışın.

Cumartesi: Dişinizi her zaman kullandığını elinizle değil, diğeriyle fırçalayın. Ve gözünüzü kapatarak duş alın.

Pazar: Sabah saatlerinde bulmaca çözün ve kısa yürüyüşe çıkın.

Hayal-Hedef Farkı Nedir?

Herkesin bir hayali vardır. Ne istediğini bilen onu hayalden hedefe dönüştürür. Hayali hedefe dönüştürmek kolay değildir. Hayal sınırsızdır, biraz daha soyut ve belirsizdir. Ancak hedef öyle değildir. Hedef daha somut ve gerçekçidir. Hayale sayı, mekân eklediğinizde hedef olur.

Hedefi olanlarla olmayanlar arasındaki fark yaşamda çok belirgindir. Hedefi olanlar ona varmaya daha yakındır. Bu yüzden mutlaka bir hedefiniz olsun.

Yale Üniversitesi mezunları üzerinde yapılan bir araştırmaya göre, mezunlarla görüşülmüş ve onlardan açık ve belirli hedeflere sahiplerse bunlara nasıl ulaşacaklarına ilişkin planlarını yazmaları istenmiştir. Mezunlardan sadece %3'ünün böyle yazılı amaçlara sahip olduğu görülmüştür. Yirmi yıl sonra, yani 1973'te araştırmacılar 1953'te görüşme yaptıkları kişilere tekrar gitmişler, diğer konular bir tarafa, daha önce yazılı amaçlara sahip olan %3'lük kesimin finansal açıdan; geri kalan%97'nin toplamından daha iyi durumda olduklarını görmüşlerdir. Bu sadece kişilerin finansal gelişmelerini göstermektedir. Araştırmacılar, ölçümü zor olan; mutluluk, neşeli, huzurlu olma gibi sübjektif durumlarda da %3'lük kesimin diğerlerinden çok daha iyi olduklarını belirlemişlerdir.

Bilinçaltı, bilinçten gelen ancak net olan hedefler, amaçlar için harekete geçer. Bilince yardımcı olur. Bunun için mutlaka ama mutlaka net bir hedefiniz olsun. Göremediğiniz şeyi kendinize çekemezsiniz. Gideceğiniz yeri bilmiyorsanız, varacağınız yerin bir önemi yoktur. Net hedef başarı demektir.

Zekâmızın 3 Yörüngesi

İnsan, istenmeyen bir durumla karşılaştığında, nasıl bir tepki vermesi gerektiğini, bunun doğru mu yanlış mı olacağını kestiremez. Ruh dünyası, yaşamakta olduğu o olayla iç içeyken, onun etkisindeyken düşüncelerini toparlayamaz ve durumun pozitif yönlerini göremez. Fakat daha sonra, aynı olayın gerçek mahiyetini anladığında beyninde şimşekler çakar: "Nasıl anlayamadım, niye göremedim!"

"Benim düşündüğüm gibi değilmiş." "Aslında bana birçok şey öğretti o yaşadıklarım." diye iç çekişler duyulur.

Bize tecrübe kazandıran bu gibi durumlarla, hayatımızın her köşesinde karşılaşırız. O anda yaşamış olduğumuz olayın güzel ve olumlu yönlerini göremeyebiliriz; fakat daha sonra aynı olaya şöyle bir dönüp bakmalı ve bunun bizlere bir tecrübe kazandırdığını düşünmeliyiz. Benzer bir durumla karşılaştığımızda aynı hatayı yapmamamız gerektiğinin şuuruna ermeliyiz.

İnsan, doğası gereği bazen hata yapabilir, yanlış kararlar alabilir; fakat bunun arkasına sığınarak bile bile aynı hatalı fiilde ısrar etmek insana yakışmaz. Günümüz insanı, günlük hayatın bir türlü bitmek bilmeyen sıkıntıları, dertleri ve meşakkatleri karşısında pozitif düşünmeyi unutmuş ve ruh dünyası içinden çıkılamayan bir hâl almıştır. İnsanımız bir an önce kendine dönmeli, kendi gücünü, kapasitesini ve potansiyelini keşfetmelidir.

Davranışlarımıza yön veren zihinsel, duygusal ve ruhsal süreçleri, pozitif düşüncenin üç önemli öğesi olarak görürüm ben. Bu süreçlerden her biri o kadar önemlidir ki, biri olmadığında veya eksik kaldığında, bu durum diğer ikisini etkilemekte ve fonksiyonlarını tam manasıyla yerine getirmelerine engel olmaktadır. Bu üç süreç birbiriyle etkileşim halinde var olur ve insan yaşamına yön verir. İnsan davranışı çok karmaşık bir bileşime sahiptir. Belli bir davranışın oluşmasında kişinin o anki ruhsal durumu, duygusal boyutu ve zihinsel donanımı aynı anda etkilidir. Her üçü de birbirini destekleyerek ve anlamlı bir bütün oluşturarak hayat çizgimize yön verirler.[4]

---

4 İdris Bilen, gencgelisim.com

Her Hale Giren İnsan

Bir insanın aynı olay karşısında, farklı zamanlarda birbirine hiç uymayan, hatta birbirine tezat diyebileceğimiz davranışlar sergilemesinin nedenini hiç düşündünüz mü? Olay aynı olay, insan aynı insan... Fakat ortaya çıkan tepkiler arasında dağlar kadar fark var. Aynı durumu sadece bir insan için değil de, birbirini hiç tanımayan ve başka kültürel ortamlarda yetişmiş olan kişiler için düşündüğünüzde ortaya çıkan tepkilerin nasıl da farklı olduğunu, birbirine hiç benzemediğini göreceksiniz.

Evet, ister basit olsun ister karmaşık, her davranışımızda Ruh, Zihin ve Duygu üçlüsü birlikte hareket etmektedir. Şöyle ki; zeka seviyesi yeterli olmayan bir insandan -halk arasında deli diye tabir edilenlerden- normal bir insandan beklediğiniz davranışları göstermesini bekleyebilir misiniz? Bu kişinin ruhsal ve duygusal tepkileri de normal insanlarınkinden farklı olacaktır. Dolayısıyla, zihinsel süreçlerdeki bir aksaklık, insan yaşamını pek çok boyutta (zihinsel-duygusal-ruhsal) etkilemektedir.

Duygu yoğunluğu olan, tüm davranışlarında duygusal tepkilerle hareket eden, duygularını kontrol edemeyen başka bir insan da, zekâ sorunu olan kişiden farklı değildir. Davranışlarına yön veren duygusallıktan kurtulamadığı için, günlük yaşamında ve birçok ilişkisinde ruhunu ve zihnini hiçe sayarak hareket etmektedir. Aşkı için ölümü göze alan bir insan, niçin böyle bir karar alıyor sizce? Sevdiği insanı öldürmeye kadar varan, "Ya benimsin ya toprağın" diyerek tetiğe basan ve sonra bir kurşun da kendi kafasına sıkanları bu duruma getiren nedir? Sorun, zekâ seviyeleri normal olan, hatta hayatta büyük başarılara imza atan bu kişilerin zekâlarında değil; yalnızca duygularıyla hareket edip diğerler bileşenleri göz ardı etmelerindedir.

Ruhsal zekâya, ruhun derinliklerinde cereyan eden davranışlara da değinmek gerek. Varoluşunu, yaşamını, hayatı ve insanları anlamayan, sorgulamayan, ruhu acılar içinde kıvranan bir insan düşünün. Dert, sıkıntı, keder, mutsuzluk çeken; madde ile geçen ömründe mana aramayan; hayata, doğaya, insanlara, daha da önemlisi kendine küsen; hep nedenlere ve niçinlere takılan... Bu kişinin IQ'su ne kadar yüksek olursa olsun, mesela bir fizik problemini çözmede ne kadar başarılı olursa olsun, ruhsal dünyası alt üst ise, eksik gedik bir yaşamın kucağında kıvranıp duracaktır. Bu, ruhsal zekasının yeterince işlememesinin hazin bir sonucudur.

Zihinsel, Duygusal ve Ruhsal Bütünlük

Uyumlu ve sorunsuz bir yaşam ancak IQ, EQ ve SQ'nun dengeli halde devreye sokulmasıyla elde edilebilir. Pozitif düşüncenin, düşünceden çıkıp harekete yani eyleme dönüşmesi için Zihin(IQ), Duygu(EQ) ve Ruh(SQ) birlikte hareket etmelidir. Birinin "evet" dediğine diğeri "hayır" dememelidir. Davranışlara yansımayan, sadece düşüncede kalan "Pozitiflik" hiçbir anlam ifade etmez. Teoriler silsilesinde yerini alır.

Hayata yansımayan, insanlar arası ilişkilerde kendini gösteremeyen his, duygu ve düşüncelerin hiçbir değeri yoktur. İnsan, fizyolojik bir varlık olduğu kadar, ruhsal ve şuur sahibi bir yaradılışa sahiptir. Hislerini duygulara, duygularını düşüncelere, düşüncelerini hayata yani eyleme geçirebilen, yaşama aktarabilen bir varlıktır.

Hislerin duygu, düşünce ve hayatla birleşmediği hiçbir yerde canlılıktan, hareketlilikten, farklılıktan ve yükselmekten söz edilemez. Orada "bitkisel bir hayat" hükümranlık sürmektedir çünkü.

O halde pozitif düşünme kabiliyetini, yaşam ile bağlantı kurarak, eyleme geçirerek ulaşabileceğimiz en üst seviyeye çıkmak için kullanmalıyız.[5]

Bunu yaparken üzerinde önemle durmaya çalıştığım "ruhsal", "duygusal" ve "zihinsel" süreçleri kesinlikle göz ardı etmeden ve üçüne de gereken ehemmiyeti göstererek hareket etmeliyiz.

İsimleri Unutmamanın 6 Yolu

1. İlgili olmak

Birçoğumuz, insanların isimlerine dikkat etmez; hatta tanıştırıldığımız an bile genellikle kendimize odaklanırız. İlk adım, tanıştırıldığımız insanı dikkatle incelemek, ismini söylediğinde ona konsantre olmaktır.

2. İsimleri doğrulatmak

Bir insanın birden fazla ismi olabilir. Kendisine hangi ismi kullandığını sorun. Böylelikle ismi birkaç kez tekrar etme şansınız olur.

3. İsimlerinin alınlarında yazılı olduğunu hayal etmek

Amerika'nın eski başkanlarından Franklin Roosevelt, Beyaz Saray'da çalışan herkesin ismini bilmesiyle etrafında hayranlık uyandırıyordu. Peki, ama nasıl? Otobiyografi yazarlarına göre Roosevelt, tanıştığı her insanın isminin alnında yazılı olduğunu hayal edermiş. Uzmanlar

5 İdris Bilen, zekaevi.com

bu tekniğin işe yaradığını söylüyor; ancak ismin sevdiğiniz renkte yazılmış olması gerektiğine dikkat çekiyorlar.

4. İsmi yazdığınızı hayal etmek

NLP uzmanları, bir insanla tanıştığınız zaman o insanın yüzüne bakmanın ve ismini tekrar ederken küçük parmak hareketleriyle ismini hayali olarak yazdığınızı hissetmenin işe yarayacağını söylüyorlar.

5. İsmi tanıdığınız bir şeyle bağdaştırmak

Karşınızdakinin ismini tanıdığınız veya ünlü birisiyle benzeştirmeye çalışın. Aynı isme sahip kişilerle ortak yanlarını bulun, isminin anlamını düşünerek çevrenizdeki nesnelerle, çiçek, renk veya eşya isimleriyle ilişkilendirin. Diyelim ki Sema ismini aklınızda tutmak istiyorsunuz. Sema gökyüzü ya da uzay anlamına geliyor. İsmin sahibinin gökyüzünü ya da uzayı anımsattığını düşünün. Bir yaz akşamında semaya baktığınızı hayal edin. Yıldızlar arasında Sema'nın yüzünün size gülümsediğini görün.

6. Sık sık kullanmak

İsmi akılda tutmanın bir yolu da konuşma esnasında ismi sık sık tekrarlamak. Söz konusu kişiyle tanıştıktan sonra birkaç kez ismini kendi kendinize yinelemek ve yukarıdaki önerileri uygulamak işinizi çok kolaylaştıracak.

Türkiye Cehalete Mahkûm mu, Cahil Olmaktan Memnun mu?

80 milyona yakın insanımızın %96'sı TV seyrederken, %4'ü kitap okuyor. Bir Japon yılda 25 kitap okurken, 6 Türk ancak 1 kitap okuyor. Günde ortalama 4 saat TV seyredilirken, kitaba düşen süre 12 saniye. Türkiye'de yaklaşık

53.000 okul, 400.000'den fazla kahvehane, 1.435 kütüphane, 400 sinema var. Ne dersiniz, Türkiye cehalete mahkûm mu, cahil olmaktan memnun mu? Cevap belli! Özellikle küçük köy ve beldelerde hemen hiçbir insan hobilerinin arasına kitap okumayı eklemiyor, mazeret olaraksa şunu sunuyor: "Zamanım yok!" Peki, kimin zamanı var? Hiç kimsenin. Ama bazı insanlar kitap okumak için pekâlâ zaman yaratıyorlar.

Biliyorsunuz, 21. yüzyıl bilim ve teknoloji çağı. Türkiye'de insanların bir kısmı bilime inanırken, çoğunluğu hâlâ hurafelere tapıyor; bir kısmı teknolojiyi doğru kullanırken, çoğunluğu istismar ediyor. Bundan yıllarca önce yaşamış insanlar, bu zamanın insanlarına kıyasla daha az olanaklara sahip olmalarına rağmen daha bilge kişiliklere sahiptiler. Mamafih bu zamanın insanları, nedeni muamma bir cehaletin içindeler.

TV izlemeye, gezmeye, eğlenmeye vakit yaratıyorlar ama kitap okumaya zaman yaratamıyorlar. Hatta bırakın kitap okumayı, kitap okumanın gerekliliği konusunda yersiz ve mübalağalı bir tartışma içerisine giriyorlar. "Kitap okumak neden önemli?" diye sorsak kimse doğru düzgün cevaplayamaz. Önemini bilseler zaten okurlar.

İzninizle kitap okumanın önemini, şu sınırlı yerde elimden geldiğince açıklayayım:

Kitap okuyan bir insanın her şeyden önce kelime hazinesi genişler. Akıcı ve yalın bir konuşma sergileyebilir. Kendisini daha kolay ifade edebilir. Kendini geliştirme fırsatı sunar kitap insana. Daha bilinçli bir birey olmasına vesile olur. Birçok konuda bilgiyi beynimize aşılar. Bu sayede cahilliği büyük ölçüde yok edebiliriz. Kitap okumak modern ve gelişmiş bir ülke olmamıza katkıda bulunur. Daha medeni, daha uygar bir toplum olabilirsek şiddet yok denecek kadar azalabilir. Cinayetler, tecavüzler, kapkaçlar, hırsızlıklar ortadan kalkar. Bunun yerini sevgi, şefkat, merhamet, dürüstlük, hoşgörü gibi onlarca güzel huy alır.

Gerçekten üzüntü veren bir durum! Pahalı kıyafetler giyen, mücevher koleksiyonu yapan, yalılarda villalarda yaşayan insanların kaçının evinde zengin bir kitaplığı var? Bence gerçek servet para değildir, güzellik değildir. Meşhur bir sözde olduğu gibi "zenginliği bir kıvılcım, güzelliği bir sivilce yok edebilir." İşte bu yüzden gerçek servet bilgidir. Çünkü bilgiyi hiçbir güç yok edemez. Tabi şunu da söylemeden geçmeyelim; bu dünyada hepimiz cahiliz. Ama bazı insanlar var ki, işte onlar kör cahil. Biz de kör cahil olmak istemiyorsak okuyalım, okuyalım, okuyalım...[6]

Beynimizi Ne Kadar Kullanıyoruz Testi

İnsan yaratılırken herkesle eşit olarak yaratılır. Bazıları kalabalıklara uyup, "böyle gelmiş, böyle gider" derken, bazıları sürüden ayrılmayı ve kurtla savaşmayı seçer. Yaratıcının insanoğluna en büyük hediyesi beyindir. Beynin en önemli işlevi olan akıl, bir insan ile bir kaya parçasını ayıran yegâne özelliktir. Düşünebilen, araştırabilen, hissedebilen, hayal edebilen insanoğlu eğer bunları yapmazsa bir kaya parçası ile aynı düzeye iner.

Beynimizi kullanmak, bize doğuştan verilen bir sorumluluktur aynı zamanda. Beynini kullanmayan insandan beyni elbet bir gün hesap soracaktır. İnançlarımızı aklımızla, kalbimizle bulalım. Taklitçi inançlara ve

6 Aylin Tankaş, zekaevi.com

yaşamlara sahip olmayalım. Böyle gelmiş böyle gider değil, böyle geldiyse böyle gitmeyecek, diyelim. İnsan olmanın gereği sürüyle yaşamak değil, sürüden ayrılmak, keşfetmek, yolunu bulmak, hayallerinin peşinden gitmektir.

Hepimiz bunu başarabiliriz. Yeter ki bir gün bir yerden başlayalım.

Aşağıdaki sorulara vereceğiniz evet-hayır cevapları, beyninizi ne kadar kullandığınızı gösterecektir. Hemen şimdi başlamaya ne dersiniz?

1) Kararlarımı çevremden etkilenmeden kendim alırım.

a. Evet b. Hayır

2) Arkadaşlarımı, dostlarımı kendim seçerim.

a. Evet b. Hayır

3) Okulumu ve mesleğimi kendim seçtim.

a. Evet b. Hayır

4) Hayatıma dair büyük değişimleri tek başıma karar alabilirim.

a. Evet b. Hayır

5) İnançlarıma araştırarak, sorgulayarak sahip oldum.

a. Evet b. Hayır

6) Evleneceğim insanı kendim seçtim/seçerim.

a. Evet b. Hayır

7) Her gün kendime yeni hedefler koyarım.

a. Evet b. Hayır

8) Para kazanmak için değil, sevdiğim için çalışıyorum/çalışacağım.

a. Evet b. Hayır

9) Ailemi ve etrafımı ilgilendiren kararları ortak alırız.

a. Evet b. Hayır

10) Yaşamayı bir keyif olarak görüyorum.

a. Evet b. Hayır

EVET cevapları daha çoksa, beyninizi son derece yüksek bir verimle kullanıyorsunuz demektir.

Beynimizi kullanalım.

Hayatı keşfetmeye çalışalım.

Sorular soralım, sorularımızın peşinde koşalım.[7]

7 Adem Özbay, zekaevi.com

IQ TESTİ

Aşağıdaki 20 soruluk testi 20 dakikada çözdükten sonra, cevaplardan doğru cevaplarınızı bulup en son bölümdeki değerlendirmelerden zeka seviyenizi öğrenebilirsiniz.

Başarılar...

1. 400 sayısının, 1/5'inin, 1/4'ünün 3 katı kaç eder?

a. 80

b. 60

c. 40

d. 50

2. Aşağıdaki sayı serisini hangi sayı izler?

3, 9, 6, 18, 15, 45, 42, ?

3. Elimdeki çiçeklerin ikisi hariç hepsi papatya, ikisi hariç hepsi gül ve ikisi hariç hepsi karanfil olduğuna göre elimde hangi çiçekten kaç tane bulunmaktadır?

a. 2 tane gül, 1 tane papatya, 3 tane karanfil

b. 1 tane gül, 1 tane papatya, 1 tane karanfil

c. 1 tane gül, 2 tane papatya, 2 tane karanfil

d. 1 tane gül, 1 tane papatya, 2 tane karanfil

4. Cihan, kardeşinden 9 yaş büyüktür. Cihan'ın yaşı, kardeşinin yaşının iki katı olduğunda Cihan kaç yaşındaydı?

5. Mehmet, bulunduğu noktadan 2 blok kuzeye, sonra 2 blok doğuya, sonra 3 blok güneye ve son olarak 2 blok batıya yürüyor. Mehmet, çıkış noktasından kaç blok mesafede bulunmaktadır?

a. 1 blok

b. 2 blok

c. 3 blok

d. 4 blok

6. Ali'nin misketlerinin sayısı, Can'ın misket sayısının 4 katı ve Berna'nın misket sayısının 2 katıdır. Hepsinin toplam 126 misketi vardır. Berna'nın kaç misketi vardır?

7. Altı yüzlü standart bir zarda, karşılıklı yüzeylerdeki nokta sayılarının toplamı her zaman aynı sayıya eşittir. Buna göre 3 sayısının olduğu yüzeyin karşı yüzeyinde hangi sayı bulunur?

a. 1 b. 2 c. 4 d. 5

8. Aşağıdaki şekle göre hangi teker en hızlı dönmektedir?

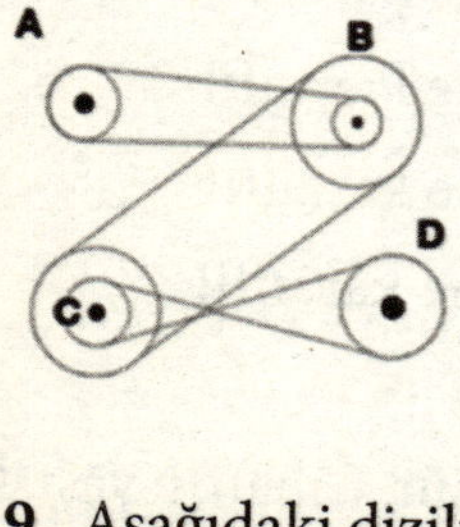

9. Aşağıdaki dizilime göre hangi şekil kareyi aynı şekilde tamamlar?

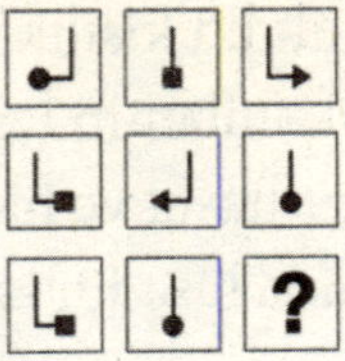

10. Bir kitap kurdu çok acıkmıştı. Karnını doyurmak için kitaplığa çıktı. Raftaki beş ciltlik bir ansiklopedinin birinci cildinin ön kapağından başlayıp beşinci cildin arka kapağına kadar kemirdi. Her cilt 3 cm kalınlıkta olduğuna göre, kitap kurdu ne kadar ilerlemiştir?

11. Bir tenis topunu olası en uzak noktaya fırlatıyoruz. Top, hiç kimse yakalamamasına ve hiçbir yere çarpmamasına rağmen bize geri dönüyor. Topa başka herhangi bir madde de iliştirilmediğine göre de bu nasıl olur?

12. Aşağıdaki kibritlerden yapılmış helezonu 4 kibritin yerini değiştirerek 3 kare haline getiriniz.

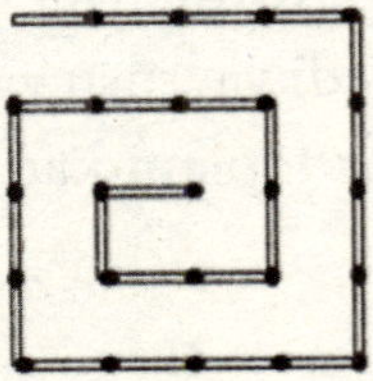

13. Türkiye'de olan iki ilin harfleri aynıdır. Sizce bunlar hangileridir?

14. Bir bahçıvan; 7 gülü, her biri 3 gül içeren 6 sıra şeklinde dikti. Acaba bunu nasıl yaptı? Sonra 10 gülü her biri 4 güllük 5 sıraya dikti. Bunu nasıl yaptı?

15. Çok yağmurlu bir günde, gece küçük iki kişilik arabanızla yola devam ediyorsunuz. Yolda bir kulübenin içinde 3 kişi var ve sizi durduruyorlar. Biri çok ağır hasta ve hastaneye gitmesi gerekiyor. İkincisi bir doktor ama tesadüf ki geçen sene sizi ölümden kurtaran bir doktor; yani ona minnet borcu hissediyorsunuz. Üçüncüsü de hayallerinizin erkeği/kadını ve aniden âşık oluyorsunuz. Bu durumda davranışınız ne olur? Nasıl bir mantıkla davranırsınız?

16. Aşağıdaki satranç tahtasında siyah atların yerine beyaz atları getirmek için en az kaç hamle yapmak gerekir?

17. Topkapı'ya giderken yolda yedi karısı olan bir adamla tanıştım. Her kadın, yedi çanta taşıyordu. Her çantada da yedi kedi vardı. Her kedinin de yedi yavrusu vardı. Kedi yavruları, kediler, çantalar, kadınlar toplam kaç kişi Topkapı'ya gidiyordur?

18. Aşağıda, solda 6, sağda 7 küp var, fakat bunlar yalnız görünen küpler. Acaba bu görünen küplerin arkasında saklanmış kaç küp olabilir?

(Problemi çözerken şu iki noktaya dikkat edin: Her iki grupta da küpler üç kat olarak dizilmiştir ve görünen küpler kendi arkalarında bulunan küpleri tamamen gizlemektedir.)

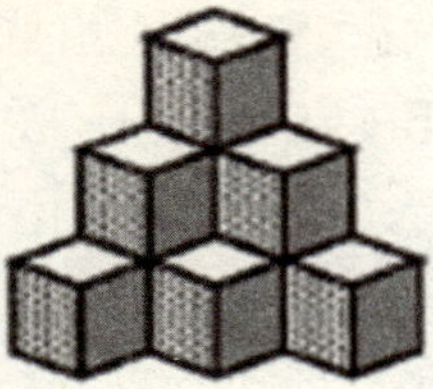

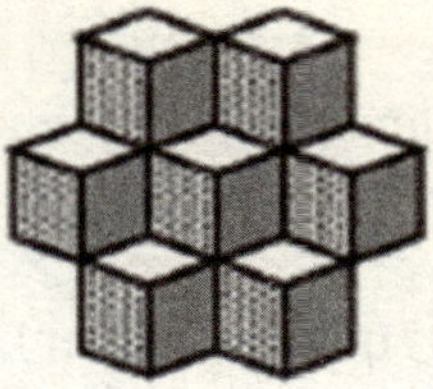

19. 3 adam bir otele gider ve her biri 10 lira vererek toplam 30 lira ödeyerek oda tutarlar ve esyalarını alıp odalarına çıkarlar. Fakat otel müdürü bugünün Çarşamba olduğunu hatırlar ve özel bir fiyat uygular Bellboy'u çağırır ve fazladan kestiği 5 lirayı 3 adama vermelerini ister. Bellboy, adamların odasına çıkar ve 5 lirayı geri verir. Bunun üzerine adamlar 2 lirayı bahşiş olarak Bellboy'a verir, geri kalan 3 lirayı paylaşırlar. Bu durumda adamların otel için ödedikleri miktar 9 liradır (daha evvel 10 lira vermişlerdi sonra da 1 lira geri paylaştılar). Sonuçta toplam ödedikleri miktar 3x9 = 27 liradır. 2 lira da Bellboy'a bahşiş vermişlerdi ve sonuçta harcadıkları toplam miktar; 27 + 2= 29 liradır. Fakat otele girerken verdikleri para 30 lira idi. O halde 1 lira nereye gitti?

20. 23 halkalık bir zinciriniz var. Bazı halkaları açarak zincir parçaları yaratmanız ve bu zincir parçalarındaki halka sayılarını uygun biçimde toplayarak 1'den 23'e kadar bütün sayıları elde etmeniz isteniyor. Bunun için kaç halka açmalısınız?

CEVAP ANAHTARI

1-b (Doğru cevap 60'tır)

2- Doğru cevap 126'dır.

Seri şu şekilde oluşturulmuştur *3, -3, *3, -3, *3, -3, vs.

Demek ki;

3 * 3 = 9

9 - 3 = 6

6 * 3 = 18

18 - 3 = 15

15 * 3 = 45

45 - 3 = 42

42 * 3 = ? 126

3- b şıkkı doğrudur: 1 tane gül, 1 tane papatya, 1 tane karanfil

4- Cihan, kardeşinden 9 yaş büyüktür.

C = K + 9

C = 2 * K

2 * K = K + 9

K = 9

K 9 yaşındayken, Cihan 18 yaşındaydı.

5- a. 1 blok

6- CAN = x ALİ = 4x BERNA = 2x x + 4x + 2x = 126 ve x = 18

Demek ki Berna'nın 2 * 18 = 36 misketi vardır.

7- c. 4

8- C ile B

Teker C ve B aynı boyutta olan dış kısımları ile birbirine bağlıdır. Bu yüzden ikisi de aynı hızda dönmektedir.

Teker D, teker C'nin daha küçük olan iç kısmına bağlıdır ve bu nedenle daha yavaş dönmektedir.

Ayrıca teker A da teker B'nin daha küçük olan iç kısmına bağlıdır ve bu nedenle daha yavaş döner.

9- Her bir sıra bir daire, bir kare ve bir ok işareti içermektedir. Her bir sıra ayrıca bir sol-açılı çizgi, bir sağ-açılı çizgi ve bir sol çizgi içermektedir. Demek ki söz konusu şekil, şekil 2 olmalıdır.

Doğru yanıt

10- Cevap 15 cm değildir. Birinci cildinin ön kapağı ile beşinci cildin arka kapağı arasındaki mesafe, aşağıdaki şekilde noktalı çizgi ile gösterildiği gibidir; yani 9 cm'dir.

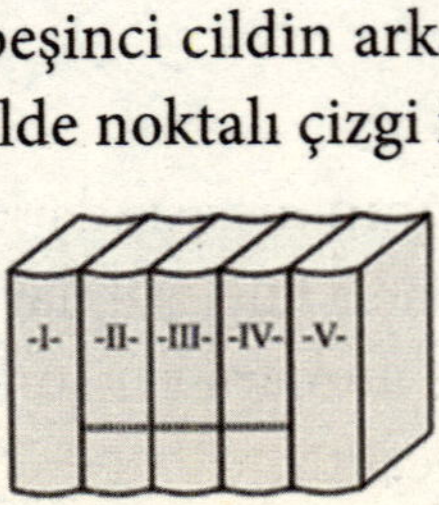

11- Topu yukarıya doğru atarız.

12-

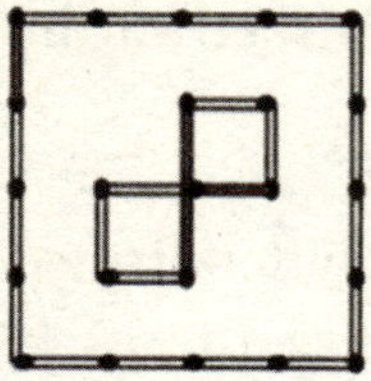

13- Aksaray ve Sakarya

14-

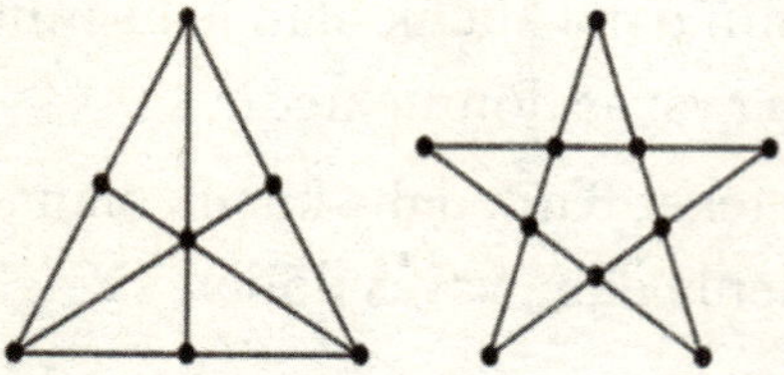

15- Arabamı doktora verirdim hastayı alır giderdi bende hayalimdeki adamla/kadınla kalırdım.

16- 16 hamle gerekir. 4 grup hareket yapılır: Atlar köşelerden orta karelere gelir. Atlar orta karelerden köşelere gider. Atlar yine köşelerden orta karelere gelir. Atlar yine orta karelerden köşelere gider.

17- 1 kişi, o da siz…

18- Küplerin görünen dış sınırlarının arkasında kalabilecek her küp soruya cevaptır. Bu amaçla küp gruplarının 3, 2 ve 1. katları gösterilmiştir. Küplere numara verilmiştir; aynı sayıyı taşıyan küpler üst üste gelecektir.

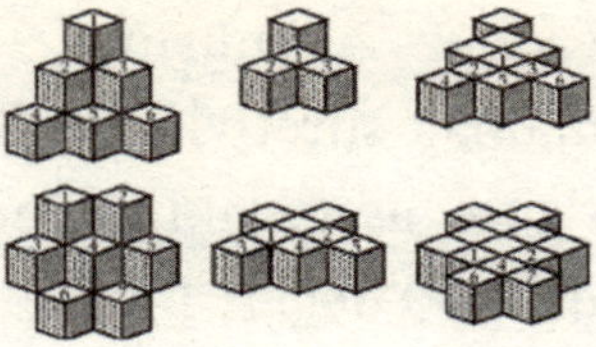

19- Yanlışlık, hesapta yapılan yönlendirmeden kaynaklanıyor. Yani Bellboy'a verilen 2 lira aslında 27 liranın içindedir. Adamlarımız 3 lira daha alınca, toplam 30 lira olmaktadır.

20- İki halka açarak (4. ve 11. halkalar) şu zincir parçalarını oluşturursunuz:

3-1- 6-1-12.

Bunlarla 1'den 23'e kadar bütün sayılar oluşturulabilir.

IQ DEĞERLENDİRMESİ

Doğru ve yanlış cevap sayılarınızı bir yere not edin. IQ seviyenizi öğrenmek için aşağıdaki tabloyu inceleyin. (Boş bırakılanlar hesaba katılmayacaktır.)

Yanlış	0	1	2	3	4	5	6	7	8	9	10	11	12	13	14	15	16	17	18	19	20
Doğru																					
20	170																				
19	164	162																			
18	158	156	154																		
17	152	150	148	146																	
16	146	144	142	140	138																
15	140	138	136	134	132	130															
14	134	132	130	128	126	124	122														
13	128	126	124	122	120	116	116	114													
12	122	120	118	116	114	112	110	108	106												
11	116	114	112	110	108	106	104	102	100	98											
10	110	108	106	104	102	100	98	96	94	92	90										
9	104	102	100	98	96	94	92	90	88	86	84	82									
8	98	96	94	92	90	88	86	84	82	80	78	76	74								
7	92	90	88	86	84	82	80	78	76	74	72	70	68	66							
6	86	84	82	80	78	76	74	72	70	68	66	64	62	60	58						
5	80	78	76	74	72	70	68	66	84	62	60	58	56	54	52	50					
4	74	72	70	68	66	64	62	60	58	56	54	52	50	48	46	44	42				
3	68	66	64	62	60	58	56	54	52	50	48	46	44	42	40	38	36	34			
2	62	60	58	56	54	52	50	48	46	44	42	40	38	36	34	32	30	28	26		
1	56	54	52	50	48	46	44	42	40	38	36	34	32	30	28	26	24	22	20	18	
0	50	48	46	44	42	40	38	36	34	32	30	28	26	24	22	20	18	16	14	12	10

Örneğin, 20 sorudan 16 doğrunuz, 2 yanlışınız, 2 boşunuz varsa; boşları hesaba katmamak suretiyle, **16 Doğru, 2 Yanlış** var demektir. Buna göre, aşağıdaki tablodan, kesim noktasında bulunan kutudaki IQ değeri 142'dir.

Yanlış	0	1	2	3	4	5	6	7	8	9	10	11	12	13	14	15	16	17	18	19	20
Doğru																					
20	170																				
19	164	162																			
18	158	156	154																		
17	152	150	148	146																	
16	146	144	142	140	138																
15	140	138	136	134	132	130															
14	134	132	130	128	126	124	122														
13	128	126	124	122	120	118	116	114													
12	122	120	118	116	114	112	110	108	106												
11	116	114	112	110	108	106	104	102	100	98											
10	110	108	106	104	102	100	98	96	94	92	90										
9	104	102	100	98	96	94	92	90	88	86	84	82									
8	98	96	94	92	90	88	86	84	82	80	78	76	74								
7	92	90	88	86	84	82	80	78	76	74	72	70	68	66							
6	86	84	82	80	78	76	74	72	70	68	66	64	62	60	58						
5	80	78	76	74	72	70	68	66	64	62	60	58	56	54	52	50					
4	74	72	70	68	66	64	62	60	58	56	54	52	50	48	46	44	42				
3	68	66	64	62	60	58	56	54	52	50	48	46	44	42	40	38	36	34			
2	62	60	58	56	54	52	50	48	46	44	42	40	38	36	34	32	30	28	26		
1	56	54	52	50	48	46	44	42	40	38	36	34	32	30	28	26	24	22	20	18	
0	50	48	46	44	42	40	38	36	34	32	30	28	26	24	22	20	18	16	14	12	10

Bilinen IQ dereceleri:

Uzmanların araştırmalarına göre, aldığınız IQ puanları için genel anlamdaki durumunuz aşağıdaki şekilde olabilir:

0-25 arası: Ağır Gerilik

26-50 arası: Orta Gerilik

51-75 arası: Hafif Gerilik

76-90 arası: Sınır Zekâ

91-110 arası: Normal Zekâ

111-125 arası: İleri Zekâ

126-140 arası: Üstün Zekâ

140-155 arası: Çok Üstün Zekâ

156 ve üzeri: Deha